UTB

W0372617

Eine Arbeitsgemeinschaft der Verlage

Böhlau Verlag · Wien · Köln · Weimar
Verlag Barbara Budrich · Opladen · Toronto
facultas.wuv · Wien
Wilhelm Fink · München
A. Francke Verlag · Tübingen und Basel
Haupt Verlag · Bern · Stuttgart · Wien
Julius Klinkhardt Verlagsbuchhandlung · Bad Heilbrunn
Mohr Siebeck · Tübingen
Nomos Verlagsgesellschaft · Baden-Baden
Ernst Reinhardt Verlag · München · Basel
Ferdinand Schöningh · Paderborn · München · Wien · Zürich
Eugen Ulmer Verlag · Stuttgart
UVK Verlagsgesellschaft · Konstanz, mit UVK/Lucius · München
Vandenhoeck & Ruprecht · Göttingen · Bristol
vdf Hochschulverlag AG an der ETH · Zürich

Birgit Huemer
Markus Rheindorf
Helmut Gruber

Abstract, Exposé und Förderantrag

Eine Schreibanleitung für Studierende und junge Forschende

BÖHLAU VERLAG WIEN KÖLN WEIMAR · 2012

Birgit Huemer, Sprachwissenschaftlerin, Forscherin und Lehrbeauftragte für wissenschaftliches Schreiben an der Universität Wien und der Alpen-Adria Universität Klagenfurt.

Markus Rheindorf forscht und lehrt an der Universität Wien, der Alpen-Adria Universität Klagenfurt und der Donau-Universität Krems.

Helmut Gruber, ao. Univ.-Prof. am Institut für Sprachwissenschaft der Universität Wien. Forschungsschwerpunkte: Kritische Diskursanalyse, Medienlinguistik, linguistische Konfliktforschung, Wissenschaftskommunikation.

Bibliografische Information der Deutschen Bibliothek:

Die Deutsche Nationalbibliothek verzeichnet diese Publikation in der Deutschen Nationalbibliografie; detaillierte bibliografische Daten sind im Internet über http://dnb.ddb.de abrufbar.

Online-Angebote oder elektronische Ausgaben sind erhältlich unter www.utb-shop.de.

Lektorat: Dr. Volker Manz, Kenzingen
Einbandgestaltung: Atelier Reichert, Stuttgart
Satz: synpannier. Gestaltung & Wissenschaftskommunikation, Bielefeld
Druck und Bindung: AALEXX Buchproduktion GmbH, Großburgwedel
Gedruckt auf chlor- und säurefreiem Papier
Printed in Germany

UTB-Band-Nr. 3762 | ISBN 978-3-8252-3762-2

Inhaltsverzeichnis

Einleitung

Dieser Ratgeber richtet sich an Studierende, die kurz vor ihrer Abschlussarbeit stehen, sowie an junge Forscherinnen und Forscher, die eine Förderung für ein Stipendium oder ein Forschungsprojekt beantragen wollen.

Für viele Abschlussarbeiten und Forschungsanträge müssen Sie zusätzlich zu einem Exposé einen sogenannten „Abstract" verfassen. Dieser Abstract wurde früher weitgehend als Kurzfassung oder Zusammenfassung bezeichnet. Neben dieser Spezialform des Abstracts für Abschlussarbeiten wird der Begriff „Abstract" hauptsächlich für andere Textsorten verwendet, die einer Zusammenfassung zwar ähnlich sind, aber darüber hinaus noch weitere Funktionen erfüllen, die wir im ersten Kapitel dieses Ratgebers ausführlich besprechen. Wir beginnen mit dem sogenannten „Paper" oder „Article Abstract", der einem wissenschaftlichen Artikel vorangestellt wird und an dem sich die meisten anderen Formen von Abstracts orientieren. Im Anschluss daran erhalten Sie eine genaue Anleitung zum Verfassen eines „Conference Abstract", den Sie einreichen müssen, wenn Sie auf einer Konferenz einen Vortrag präsentieren möchten. Eine weitere Spielart des Abstracts, für den Sie in unserem Arbeitsbuch eine genaue Beschreibung finden, ist der sogenannte „Extended Abstract", den Sie mitunter für eine geplante Publikation abgeben müssen. Abschließend erhalten Sie eine ausführliche Schreibanleitung für das Verfassen eines sogenannten „Thesis Abstract", den Sie häufig brauchen, wenn Sie eine wissenschaftliche Qualifikationsarbeit abgeben. Alle hier besprochenen Formen des Abstracts werden anhand von Beispielen illustriert und von uns kommentiert. In den meisten Fällen handelt es sich um Best-Practice-Beispiele, also Beispiele mit Vorbildcharakter, die Ihnen dabei helfen sollen, die richtigen Formulierungen für das Verfassen Ihres Abstracts zu finden.

Von Studierenden, die eine Abschlussarbeit an einer wissenschaftlichen Institution verfassen, wie z. B. an der Universität, an einer Fachhochschule oder einer Pädagogischen Akademie, wird vor dem Verfassen dieser Arbeit ein erstes Konzept bzw. ein Exposé verlangt, in dem die wichtigsten Eckpunkte der geplanten Arbeit skizziert werden. Ein solches Exposé wird an manchen Institutionen bereits für Bachelorarbeiten, an den meisten wissenschaftlichen Forschungseinrichtungen erst für Masterarbeiten oder Doktor- bzw. PhD-Arbeiten verlangt. Auf der Basis dieses Exposés entscheidet die Betreuerin bzw. der Betreuer – in manchen Fällen auch eine Kommission –, ob sich Inhalt und Umfang des gewählten Themas für die Abschlussarbeit eignen und ob die Bearbeitung dieses Themas den wissenschaftlichen Qualitätsstandards des jeweiligen Fachbereichs entspricht.

Dabei liegt es auch in der Verantwortung der Betreuungsperson, die Studierenden beim Verfassen des Exposés zu beraten und ihnen unterstützend zur Seite zu stehen. Das zweite und zentrale Kapitel dieses Arbeitsbuchs beschäftigt sich daher eingehend mit dem Verfassen eines Exposés und gibt Ihnen eine genaue Anleitung, wie Sie ein gutes Konzept für Ihre Abschlussarbeit erstellen können. Dabei gehen wir einerseits auf die unterschiedlichen Studienniveaus ein, da für eine Bachelorarbeit natürlich noch nicht so viel an wissenschaftlicher Eigenleistung verlangt wird wie für eine Masterarbeit oder Doktor- bzw. PhD-Arbeit, und andererseits auf spezifische Anforderungen unterschiedlicher Fachdisziplinen. Um die Inhalte zu illustrieren, die Sie in einem Exposé darstellen müssen, verwenden wir Auszüge aus Beispielexposés. Dabei handelt es sich wie im ersten Kapitel zumeist um Best-Practice-Beispiele, die von uns kommentiert werden.

Das dritte und letzte Kapitel richtet sich vorwiegend an junge Forschende, die für die Finanzierung ihrer Forschungsarbeit Fördermittel beantragen möchten. Hier besprechen wir Doktoratsstipendien und Post-Doc-Förderungen für Jungwissenschaftlerinnen und Jungwissenschaftler in Deutschland, Österreich und der Schweiz. Da das Erfassen aller Fördermöglichkeiten im deutschsprachigen Raum den Rahmen dieses Ratgebers sprengen würde, konzentrieren wir uns dabei auf Förderungen im Bereich der Grundlagenforschung. Trotz der vorgenommenen Beschränkungen kann dieses Kapitel nur einen kleinen Ausschnitt aus den verschiedensten Fördermöglichkeiten für junge Forschende wiedergeben, der Ihnen allerdings dabei helfen soll, grundsätzlich zu verstehen, „wie die Fördermaschine läuft". Dabei geben wir Ihnen Antworten auf die Fragen, wer gefördert werden kann, wer fördert, wie die Entscheidung über eine Förderung getroffen wird und was Sie beim Einreichen eines Förderantrags beachten sollten. Zusätzlich finden Sie auch hier wieder kommentierte Beispiele aus bewilligten Anträgen.

Unsere Anleitung für das Erstellen von Abstracts und Exposés, die internationalen Qualitätsstandards entsprechen, wurde im Rahmen unserer langjährigen Forschungs- und Lehrerfahrung an verschiedenen Universitäten, Fachhochschulen und Pädagogischen Akademien in Österreich und anderen Ländern entwickelt. Die Beispiele für Abstracts in diesem Ratgeber sind größtenteils veröffentlichte Texte, einige wenige wurden von uns für didaktische Zwecke erstellt. Die Beispiele für die Exposés sind nicht fiktiv, sondern wurden von Studierenden und jungen Forschenden verfasst. Sie wurden entweder im Internet veröffentlicht – in diesem Fall finden Sie eine Quellenangabe in der Fußnote – oder von Studierenden zur Verfügung gestellt, die unsere wissenschaftlichen Schreibkurse besucht haben. Je nach Wunsch der Studierenden wurden die Textbeispiele aus nicht veröffentlichten Exposés von uns im Ratgeber anonym behandelt oder die Autorinnen und Autoren wurden namentlich genannt. Manchmal mussten die Beispiele aus didaktischen Gründen von uns leicht adaptiert werden. Referenzen, die von den Verfasserinnen und Verfassern der Exposés in den Textbeispielen angeführt sind, werden in der Literaturliste des Ratgebers nicht erwähnt.

Wir möchten uns auf diesem Wege bei den Autorinnen und Autoren, die uns Beispiele zur Verfügung gestellt haben, herzlichst bedanken.

Birgit Huemer, Markus Rheindorf, Helmut Gruber

1. Abstracts im Wissenschaftsbetrieb

Der Begriff „Abstract" stammt aus dem englischen Sprachraum und bezeichnet eine Gruppe von wissenschaftlichen Textsorten, denen gemeinsam ist, dass sie erstens vergleichsweise kurz und prägnant formuliert sind und zweitens sich auf einen weiteren Text beziehen, zu dem bzw. der sie in einem Verhältnis der „Abstraktion" stehen, d. h., dessen Inhalt sie entweder in stark komprimierter Form wiedergeben oder auf den sie verweisen. Dieser Bezug betrifft im Fall des Paper Abstract bzw. Article Abstract den begleiteten wissenschaftlichen Artikel (unabhängig davon, ob es sich dabei nun um einen Forschungsbericht, einen bibliografischen Aufsatz oder eine theoretische Abhandlung handelt); im Fall des Conference Abstract besteht ein Bezug zu einem Konferenzbeitrag (wiederum unabhängig von der konkreten Textsorte Vortrag, Posterpräsentation usw.); im Fall des Extended Abstract kann es sich sowohl um einen Konferenz- als auch um einen zu publizierenden Beitrag oder Antrag handeln; der Thesis Abstract schließlich bezieht sich auf eine Qualifizierungsarbeit und wird mittlerweile von den meisten Universitäten bei Bachelor-, Master- und PhD-Arbeiten gefordert.[1]

Der englische Begriff „Abstract" hat sich mittlerweile auch im deutschsprachigen Raum als Bezeichnung durchgesetzt und konkurrierende, zuvor etablierte Begriffe weitgehend verdrängt. Diese Entwicklung hat

1 Auf den zunehmend Verbreitung findenden Gebrauch des Begriffs „Abstract" für Exzerpte und Zusammenfassungen von gelesenen Texten, wie er etwa in Online-Ratgebern und Blogs zum Thema wissenschaftliches Arbeiten zu finden ist, möchten wir hier nicht näher eingehen. Es sei aber festgehalten, dass aus terminologischer Sicht wenig dafür und einiges dagegen spricht, weitere Textsorten, für die bereits Termini etabliert sind (im Englischen übrigens ebenso wie im Deutschen), unter dem Begriff „Abstract" zu subsummieren.

nicht nur eine sprachenpolitische Dimension, sondern ist auch in der ganz konkreten Verwendung des Begriffes „Abstract“ bisweilen problematisch. So hat man an einigen Universitäten die geforderte „Kurzfassung“ für Abschlussarbeiten kurzerhand durch „Abstract“ über- bzw. ersetzt, ohne auf etwaige Unterschiede zwischen diesen Textsorten einzugehen oder darauf hinzuweisen. Warum ein Abstract nicht einfach eine Kurz- oder Zusammenfassung bzw. eine besondere Art davon ist, wird auf den folgenden Seiten ausführlich dargestellt.

Weil Abstracts häufig in englischer Sprache verlangt werden – selbst dann oder gerade dann, wenn der Text, auf den sie sich beziehen, eigentlich in deutscher Sprache verfasst ist –, werden im Folgenden neben deutschsprachigen auch englischsprachige Beispiele besprochen.

Die bereits eingangs angeführten unterschiedlichen Arten des Abstracts ähneln einander in wesentlichen Punkten, unterscheiden sich aber hinreichend, um bei Verwechslung zu Verwirrung und – im für Sie schlimmsten Fall – zur Ablehnung eines eingereichten Konferenzbeitrags oder Artikels zu führen. Sie werden daher im Folgenden in jeweils eigenen Abschnitten im Hinblick auf ihre Spezifika besprochen: Umfang, Aufbau und Struktur, Funktion bzw. Anlass, Zielgruppe und Ausrichtung sowie Stil.

Gemeinsam ist allen Formen des Abstracts, dass sie keine einfachen Zusammenfassungen eines Textes sind, insbesondere keine Zusammenfassungen einzelner Aspekte eines wissenschaftlichen Textes, wie z. B. Theorie, Methode oder Ergebnisse. Vielmehr haben sie eine in sich logische und motivierte Struktur. Die große Herausforderung beim Schreiben eines Abstracts ist es daher, dass es auf knappem Raum gelingen muss, inhaltlich präzise einen Ausblick zu geben, der gleichzeitig informativ ist und neugierig macht. Die einzuhaltenden Beschränkungen für Abstracts reichen von 100 bis zu über 1.000 Worten, je nach Art des Abstracts.

Ein paar allgemeine Tipps zum Verfassen jeder Art von Abstract:

- Berücksichtigen Sie den Kontext – Zu welchem Anlass und Zweck schreiben Sie?
- Gehen Sie auf das Zielpublikum ein – Welches allgemeine oder spezialisierte Fachwissen haben Ihre Leserinnen und Leser?

- Tragen Sie dem Inhalt des begleiteten Textes Rechnung – legen Sie unbedingt schon im Abstract offen, was die Leserinnen und Leser erwartet (z. B. theoretische Überlegungen, vorläufige Ergebnisse etc.).
- Lesen Sie einige Beispiele für Abstracts aus dem jeweiligen bzw. einem vergleichbaren Kontext (z. B. Zeitschrift, Konferenz etc.).
- Lesen Sie unbedingt die Richtlinien für das Einreichen bzw. Verfassen des Abstracts und befolgen Sie diese – nur in Ausnahmefällen und nach Rücksprache können Sie davon abweichen.
- Folgen Sie den Formatierungsregeln für den Abstract – Ihr Text kann auch aus rein formalen Gründen abgelehnt werden.

1.1 Paper Abstract oder Article Abstract

Die am häufigsten publizierte Form des Abstracts begleitet einen konkreten Artikel, der ebenfalls von Ihnen verfasst wurde. In der Regel wird dieser Article Abstract oder auch Paper Abstract genannte Begleittext erst nach Fertigstellung und Annahme des eigentlichen Artikels verlangt. Es ist daher sinnvoll, ihn auch nicht vorher zu schreiben: Jede noch vorzunehmende inhaltliche Änderung im Artikel selbst kann es schließlich notwendig machen, den schon verfassten Abstract wieder umzuschreiben. In der überwiegenden Mehrheit aller Publikationen wird der Abstract vor bzw. über dem eigentlichen Artikel platziert, zunehmend selten auch nach dem Artikel. Steht er hinter dem Artikel, kann er die Funktion, Interesse bei den Leserinnen und Lesern zu wecken, nicht erfüllen.

Zusätzlich zum Abstract müssen Sie in der Regel außerdem eine beschränkte Anzahl von „Keywords" angeben, d. h. inhaltliche Schlüsselbegriffe, nach denen Ihr Artikel verschlagwortet wird und aufgrund derer er von potenziellen Leserinnen und Lesern möglichst gut gefunden werden kann. Daher sollten die Schlüsselbegriffe präzise sein, relevante theoretische, methodische Aspekte sowie den Forschungsgegenstand benennen. Grobe Fach- oder Disziplinenbezeichnungen sind hingegen nur in Ausnahmefällen relevant, etwa wenn Sie in einer Zeitschrift publizieren, die stark interdisziplinär ausgerichtet ist. Umgekehrt gilt auch: Je stärker spezialisiert die Zeitschrift ist, desto weniger relevant ist eine Eingrenzung auf das jeweilige Wissenschaftsfeld in den Schlüsselbegriffen.

In gewisser Hinsicht ist der Abstract der wichtigste Teil eines Textes: Er ist nicht nur der zuerst gelesene Teil Ihres Artikels, sondern auch der am meisten gelesene Abschnitt. Er dient den Leserinnen und Lesern nicht so sehr als Einstieg in den Text – dies ist die Rolle der Einleitung –, sondern als Vorabinformation und Entscheidungshilfe, ob und inwiefern der Artikel für die jeweilige Leserin bzw. den Leser überhaupt lesenswert ist. Neben dem Titel, den Schlüsselbegriffen und dem tatsächlichen Gegenstand Ihrer Arbeit entscheidet also der Abstract maßgeblich darüber, ob und wie Ihre Arbeit rezipiert wird. Daher sollte ein Abstract unter keinen Umständen einen irreführenden, unvollständigen oder unklaren Eindruck vom Inhalt Ihres Artikels vermitteln.

Der Umfang von Abstracts, die Artikel begleiten, ist in der Regel streng begrenzt, wobei je nach Zeitschrift zwischen 100 und 150 Wörter akzeptiert werden. Im Rahmen eines dermaßen kurzen Textes ist für Einiges, was sonst in wissenschaftlichen Textsorten unverzichtbar ist, kein Platz. So fehlen Details und spezifische Angaben zu Daten und Quellen in der Regel ebenso wie Argumentation. Stattdessen beschränkt sich der Abstract inhaltlich auf einige zentrale Fragen, die die Forschungsergebnisse zum Teil nur indirekt betreffen: Warum ist der Forschungsbereich wichtig bzw. relevant? Welche Forschungslücken gibt es? Welche Theorien und Methoden wurden verwendet, welche Daten analysiert? Welche Ziele verfolgt Ihre Arbeit? Was sind die wichtigsten Ergebnisse Ihrer Arbeit? Aufgrund der Platzbeschränkung in einem Abstract ist es bisweilen eine große Herausforderung, Antworten auf alle diese Fragen knapp und klar zu formulieren. Der stark konventionalisierte Aufbau des Abstracts dient als Grundgerüst für dieses Ziel.

Wie ist ein Paper Abstract aufgebaut?

Der besondere Aufbau eines Abstracts – er unterscheidet ihn u. a. von der strukturell weniger differenzierten Zusammenfassung – dient dazu, die Leserinnen und Leser in den Bann zu ziehen und zum Weiterlesen anzuregen. Zu diesem Zweck folgt der Abstract im Groben dem Aufbau:

- Verortung im Forschungsfeld
- Aufzeigen der Forschungsnische
- Besetzen der Nische

Dieser in sich geschlossene und motivierte Aufbau erlaubt es den Leserinnen und Lesern, im Rahmen eines äußerst kompakten Textes wesentliche Schritte nachzuvollziehen – ohne dabei den Artikel selbst zu ersetzen. Wird einer der drei Schritte in dieser Struktur ausgelassen bzw. ihre Abfolge geändert, zerreißt dies die logische Verkettung der Schritte. Der erste Satz eines Abstracts sollte zum Thema hinführen, dabei allerdings nicht allgemeiner sein als notwendig. Für langatmige Einleitungen und Literaturhinweise, wie sie im Artikel selbst notwendig sein mögen, ist in einem Abstract kein Platz. Auch in diesem Punkt ist das Zielpublikum des jeweiligen Journals zu berücksichtigen.

Die Analyse zahlreicher Abstracts hat gezeigt, dass diese grobe Abfolge von Schritten sich auch im Detail nachzeichnen und aufschlüsseln lässt. Swales & Feak (2009) haben mögliche Strukturvariationen von Abstracts im sogenannten CARS-(„Creating a Research Space"-)Modell zusammengefasst.[2]

---

2 Sie unterscheiden dabei zwischen Abstracts, die auf die Forschungsergebnisse ausgerichtet sind, und solchen, die die Struktur des Artikels Schritt für Schritt abbilden. Letztere sind vor allem in den angewandten und technischen Wissenschaften bzw. Naturwissenschaften verbreitet und stehen daher nicht im Mittelpunkt der folgenden Darstellung.

Funktionen / Schritte	Umsetzung
Einen Forschungsbereich etablieren	▪ Zentralität / Relevanz behaupten *und / oder* ▪ Die eigene Forschung in der Forschungslandschaft lokalisieren *und / oder* ▪ Bisherige Forschungen / Forschungsergebnisse erwähnen
Eine Nische etablieren	▪ Einwände vorwegnehmen *und / oder* ▪ Eine Forschungslücke aufzeigen *und / oder* ▪ Fragen aufwerfen *und / oder* ▪ An eine Tradition anschließen
Eine Nische besetzen	▪ Den Zweck oder die Art der eigenen Arbeit benennen *und / oder* ▪ Forschungsfragen oder Hypothesen anführen *und / oder* ▪ Die wichtigsten Ergebnisse ankündigen *und / oder* ▪ Die Relevanz der eigenen Forschung einschätzen *und / oder* ▪ Die Struktur des Textes ankündigen

In der Tabelle links finden sich die drei groben Schritte des Abstracts; rechts hingegen finden sich konkrete Möglichkeiten, wie diese groben Schritte umgesetzt werden können. Auch wenn es im Modell zahlreiche *und / oder*-Optionen gibt, werden in der Praxis nicht alle dieser Möglichkeiten verwendet. Das heißt z. B., dass die Funktion „Eine Nische etablieren" oft mit nur einer der vier Umsetzungsmöglichkeiten realisiert wird.

Wie verorte ich meinen Beitrag im Forschungsfeld?

Der Bezug auf konkrete Forschung und / oder deren Ergebnisse im jeweiligen Feld ist für den ersten Schritt im Abstract unerlässlich. Sie können sich dabei auf Theorien, Methoden oder auch konkrete empirische Ergebnisse beziehen. Bezüge auf Denkrichtungen und etablierte Schulen sind ebenso möglich wie auf individuelle Forscherinnen und Forscher. Außerdem können Sie dies entweder in chronologischer Reihenfolge gestalten oder nach Bedeutung. Dabei ist es möglich, wenngleich nicht Standard, direkte Zitate zu benutzen; häufiger sind inhaltliche Zusammenfassungen und Verweise.

Die Verortung im Forschungsfeld kann gleichzeitig zeigen, dass bzw. inwiefern ein Forschungsbereich relevant, wichtig, problematisch oder aktuell ist. Typische Realisierungsformen hierfür sind Phrasen wie: *Eine zentrale Fragestellung in ..., Im Laufe der letzten 10 Jahre ..., Aktuelle Studien beschäftigen sich mit ...* bzw. englisch *Recently, there has been a growing interest in ..., The development of [...] is a crucial isssue ..., This phenomenon has been investigated by many studies ...* usw. Für englischsprachige Formulierungen ist wichtig, dass in der Regel die Present Tense oder Present Perfect Tense (Beispiel 1 und 3) verwendet wird, da sie Relevanz für den gegenwärtigen Zeitpunkt anzeigen, während die Past Tense (Beispiel 2) Dinge und Ereignisse in die Vergangenheit ohne direkten Gegenwartsbezug rückt. Da Ihre Forschungsarbeit in der Gegenwart Relevanz hat, sollten Sie dies auch unbedingt durch die entsprechende Zeitform ausdrücken.

Beispiel 1: Recent studies conducted in the U. S. show that 33 % to 46 % of women report [...].

Beispiel 2: This approach was abandoned when it became clear that [...]

Beispiel 3: This method was introduced in the 1970's, and has proved remarkably successful.

Wie etabliere ich eine Nische?

Mit dem Begriff „Nische“ benennen Swales & Feak im CARS-Modell jene Lücke in der bisherigen Forschung, zu deren Schließung Ihr Artikel beitragen soll. Es kann sich dabei natürlich auch um ein „Problem“, eine „Frage“ oder einen „blinden Fleck“ handeln; die Begrifflichkeiten der Disziplinen sind hier verschieden. Oft ist eine solche Lücke wesentlich größer als der Beitrag, der mit einem einzelnen Artikel geleistet werden kann. Ungeachtet dessen muss sie möglichst eindringlich aufgezeigt werden, ohne die Erwartung zu wecken, dass der folgende Artikel sie vollständig beseitigt, das Problem endgültig löst oder die Frage abschließend beantwortet. Konkrete Formulierungen zur Benennung einer Lücke sind u. a. *Allerdings haben wenige Studien bisher..., Die meisten Untersuchungen haben sich auf [...] konzentriert, dabei aber [...] vernachlässigt ..., Bisher wurde vor allem [...] betont* oder englisch *However, little research ..., Most studies have focused on …, These studies have emphasized […] and neglected …* und ähnliche mehr. Gemeinsam ist all diesen Formulierungen eine klare Benennung des Forschungsdesiderates, das Sie aufzeigen und mit Ihrer Arbeit (zumindest teilweise) beseitigen wollen.

Wie besetze ich die Nische?
Ist die Nische erst benannt, ist es unerlässlich, sie auch zu besetzen. Keinesfalls sollten Sie ein Abstract damit abschließen, dass Sie eine Forschungslücke bemängeln, ohne jedoch aufzuzeigen, dass und wie Sie zu Ihrer Schließung beigetragen haben. Zunächst ist es wichtig, die eigene Forschung entweder in Form der Ziele oder ihrer spezifischen Art zu umreißen: Handelt es sich um Grundlagenforschung, konzeptuelle Entwicklungsarbeit oder Feldforschung? Soll die Lösung für ein Problem gefunden, eine Frage beantwortet oder Wissen über ein neues Phänomen gewonnen werden? Ebenso unerlässlich ist es, dass Sie im Abstract auf Ihre wichtigsten Ergebnisse hinweisen und diese knapp benennen. Je nach Stand der Arbeit können dies auch vorläufige Ergebnisse sein. Beispiele für konkrete Formulierungen sind *Die vorläufige Analyse der Daten legt die Schlussfolgerung nahe …*, *Die vorliegende Auswertung zeigt, dass …* oder englisch *Preliminary results indicate that …*, *The analysis shows that …* und ähnliche mehr.

Wie setze ich all dies in wenigen Worten um?
Die folgenden beiden Beispiele zeigen, wie ein Abstract auf knappem Raum alle wesentlichen Schritte erfüllen und dabei auch die beschriebenen Konventionen einhalten kann. Der folgende, hier auf Wunsch des Autors nur anonym wiedergegebene Abstract mit dem Titel „Textsorten und Sprachwandel“ aus dem Fachbereich Sprachwissenschaft setzt die drei wesentlichen Schritte in jeweils einem, einem und zwei Sätzen und in Summe in 86 Wörtern um.

Beispiel 4: Sprachwissenschaftlicher Abstract

[Forschungsbereich etablieren] „Textsorte“ ist eines der erfolgreichsten und produktivsten Konzepte der neueren Textlinguistik, auch wenn bis dato keine einheitliche Definition des Konzeptes vorliegt. [Nische etablieren] Zahlreiche Studien haben den historischen Wandel einzelner Textsorten nachgezeichnet, vernachlässigt wurde jedoch die Frage, welche Rolle Textsorten – und ihr Wandel – im allgemeinen Sprachwandel spielen. [Nische besetzen] Der vorliegende Artikel nähert sich dieser Fragestellung im Rahmen einer Pilotstudie zum Wandel des österreichischen Deutsch seit 1970 anhand von Analysen vierer Textsorten. Dabei werden generelle Trends ebenso sichtbar wie textsortenspezifische Muster und Entwicklungen, die zum Teil in entgegengesetzte Richtungen verlaufen.

Keywords: Sprachwandel, Textsorte, Genre, österreichisches Deutsch

Auch im folgenden Abstract des Artikels „Deep resequencing of GWAS loci identifies independent rare variants associated with inflammatory bowel disease“ aus dem Fachbereich Genetik gelingt es, die logisch motivierte Struktur effizient umzusetzen.[3] Anders als im obigen Beispiel liegt hier aber ein deutlicher Fokus auf den eigenen Ergebnissen, was für Abstracts in diesem und anderen naturwissenschaftlichen Fachbereichen typisch ist, wenn der Artikel ein „Research Article“ ist.

Beispiel 5: Naturwissenschaftlicher Abstract

[Forschungsbereich etablieren] More than 1,000 susceptibility loci have been identified through genome-wide association studies (GWAS) of common variants; [Nische etablieren] however, the specific genes and full allelic spectrum of causal variants underlying these findings have not yet been defined. [Nische besetzen] Here we used pooled next-generation sequencing to study 56 genes from regions associated with Crohn's

3 Mélissa Beaudoin, Agnes Gardet, Christine Stevens et al. 2011. „Deep resequencing of GWAS loci identifies independent rare variants associated with inflammatory bowel disease“. *Nature Genetics* 43, 1066–1073.

disease in 350 cases and 350 controls. Through follow-up genotyping of 70 rare and low-frequency protein-altering variants in nine independent case-control series (16,054 Crohn's disease cases, 12,153 ulcerative colitis cases and 17,575 healthy controls), we identified four additional independent risk factors in *NOD2*, two additional protective variants in *IL23R*, a highly significant association with a protective splice variant in *CARD9* ($P < 1 \times 10-16$, odds ratio ≈ 0.29) and additional associations with coding variants *in IL18RAP, CUL2, C1orf106, PTPN22* and *MUC19*. We extend the results of successful GWAS by identifying new, rare and probably functional variants that could aid functional experiments and predictive models.

Anders gestaltet ist der folgende Abstract des Artikels „Genome-wide association study of flowering time and grain yield traits in a worldwide collection of rice germplasm", der ebenfalls aus dem Fachbereich Genetik stammt.[4] Hier wird die Nische nicht benannt bzw. explizit gemacht und damit eine Strukturvariante gewählt, die vor allem in hochspezialisierten Zeitschriften zu finden ist.

Beispiel 6: Naturwissenschaftlicher Abstract

[Forschungsbereich etablieren] A high-density haplotype map recently enabled a genome-wide association study (GWAS) in a population of indica subspecies of Chinese rice landraces. [Nische besetzen] Here we extend this methodology to a larger and more diverse sample of 950 worldwide rice varieties, including the *Oryza sativa indica* and *Oryza sativa japonica* subspecies, to perform an additional GWAS. We identified a total of 32 new loci associated with flowering time and with ten grain-related traits, indicating that the larger sample increased the power to detect trait-associated variants using GWAS. To characterize various alleles and complex genetic variation, we developed an analytical framework for haplotype-based *de novo* assembly of the low-coverage sequencing data in

4 Xuehui Huang, Yan Zhao & Xinghua Wei et al. 2011. „Genome-wide association study of flowering time and grain yield traits in a worldwide collection of rice germplasm". *Nature Genetics* 44, 32–39.

rice. We identified candidate genes for 18 associated loci through detailed annotation. This study shows that the integrated approach of sequence-based GWAS and functional genome annotation has the potential to match complex traits to their causal polymorphisms in rice.

Auf ähnliche Weise setzt auch der folgende Abstract des soziologischen Artikels „Locating ‚Family Practices'" die charakteristische Struktur eines Article Abstract nicht vollständig um. Konkret sehen wir hier, dass zwar der Forschungsbereich etabliert und eine Nische (in Form von klar formulierten Zielen) besetzt wird, die Nische jedoch nicht zuvor etabliert wird: Dass und warum es notwendig oder hilfreich ist, diese Ziele zu verfolgen, bleibt in diesem Abstract implizit.[5]

Beispiel 7: Soziologischer Abstract

[Forschungsbereich etablieren] The idea of 'family practices' is now quite widely used in British family sociology. [Nische besetzen] The aim of this article is to locate this reformulation by looking, firstly, at the term's place within more general discussions of practices and, secondly, to explore the implications of a more specific focus on family practices. Through a comparison with some other possible and overlapping approaches, I consider the extent and ways in which the family practices approach successfully goes 'beyond' more established understandings of family.

Keywords: Family Practices, Family Theory, Intimacy, Personal Life, Configurations

Wie bei den meisten Konventionen, die keinem ausformulierten, verbindlichen Regelwerk folgen, gibt es auch beim Abstract Abweichungen von der Norm. So ist es z. B. denkbar, im Rahmen eines (wohl eher längeren) Abstracts sowohl Einwände vorwegzunehmen, an eine Tradition anzuschließen und eine Frage aufzuwerfen. Ebenso wie bei den meisten

---

5 David H. G. Morgan. 2011. „Locating ‚Family Practices'". *Sociological Research Online* 16/4/14. Online: http://www.socresonline.org.uk/16/4/14.html, Seite besucht am 10.01.2012.

Konventionen gilt aber auch hier: Sie sollten die Spielregeln kennen, bevor Sie daran denken, sie zu variieren oder von Ihnen abzuweichen.

Besonders im Fall von kurzen Abstracts nahe der 100-Wort-Grenze entspricht jede wesentliche Funktion bzw. jeder Schritt oft nur einem Satz oder zwei Sätzen, wie auch in den obigen Beispielen zu sehen war. Manchmal werden allerdings auch zwei Schritte innerhalb eines einzigen Satzes umgesetzt. Der folgende, etwas längere Abstract „Prinzipien eines Europäischen Vertragsrechts: liberal, marktfunktional, solidarisch oder…?“ aus dem Fachbereich der Rechtswissenschaft[6] zeigt, dass ein Schritt nicht notwendigerweise mit einem Satz korrespondiert: Eckige Klammern markieren die drei Hauptschritte und machen gleichzeitig deutlich, dass der Aspekt der Forschungsfrage, Lücke oder Nische nicht auf einen Satz beschränkt werden muss. Das Schlüsselwort „Fragen“ findet sich im ersten und zweiten Satz und wird außerdem als „Eine der wichtigsten Herausforderungen“ im dritten Satz thematisch weitergeführt.

Beispiel 8: Rechtswissenschaftlicher Abstract

[Forschungsbereich etablieren] Das Projekt einer Vereinheitlichung des Europäischen Vertragsrechts wirft einige grundlegende Fragen im Hinblick auf die zentrale Rolle und Funktion des Vertragsrechts in gegenwärtigen Europäischen Gesellschaften auf. [Nische etablieren] Diese Fragen sind bisher weder beantwortet noch im Rahmen der aktuellen Anstrengungen zur Vereinheitlichung des Vertragsrechts innerhalb Europas in ausreichender Form behandelt worden. Eine der wichtigsten Herausforderungen für unsere traditionellen Vorstellungen von Vertragsrecht besteht in der Notwendigkeit, die mittlerweile zahlreichen vertragsrechtlichen Normen von schützendem Charakter – welche sich in den unterschiedlichen nationalen Verbraucherschutznormen sowie in EU-Richtlinien und Ausnahmeregelungen finden – in die allgemeinen Regeln des Vertragsrechts zu integrieren. [Nische besetzen] Dieser Beitrag erarbeitet

---

6 Birgitta Lurger. 1998. „Prinzipien eines Europäischen Vertragsrechts: liberal, marktfunktional, solidarisch oder …?“ *Electronic Journal of Comparative Law* 2.1. Online: www.ejcl.org/21/abs21–2.html, Seite besucht am 10.04.2012.

detaillierte Vorschläge für die Einbindung von Aufklärungspflichten, Rücktrittsrechten und die vertragsrechtliche Inhaltskontrolle in die allgemeinen Regeln des Vertragsrechts. Dabei wird das Solidaritätsprinzip als Gegengewicht zur Vertragsfreiheit herangezogen und im jeweiligen Rahmen der ökonomischen Theorien des „Ordoliberalismus" und des „Sozialen Markts" diskutiert.

Worauf sollte ich bei einem Article Abstract achten?

Neben den oben ausgeführten Richtlinien gibt es auch einige Fehler, die häufig bei Abstracts begangen werden. Wir besprechen diese auf den folgenden Seiten anhand von Beispieltexten in deutscher und englischer Sprache. Gerade im deutschsprachigen Raum ist – nicht zuletzt aufgrund der Begriffsverwirrungen – die Verwechslung der unterschiedlichen Abstract-Typen ein häufiges Problem: Ein Article Abstract wird wie ein Conference Abstract geschrieben; die Kurzfassung einer Dissertation im Stil eines Article Abstract usw. Die Unterschiede liegen, wie in den entsprechenden Kapiteln nachzulesen, vor allem in Umfang, Struktur, Stil und Funktion der jeweiligen Textsorte.

Ein häufiger Mangel bei Article Abstracts ist die Auslassung eines der obligatorischen Schritte: Wird etwa ohne Etablierung des Forschungsfeldes begonnen, die Nische nicht etabliert oder die eigene Arbeit nicht erwähnt, fehlt den Leserinnen und Lesern ein wichtiges Element für ihre Einschätzung des folgenden Artikels. Im folgenden, von uns adaptierten Abstract „Multilingual biographies and academic environments: Student migrants' accounts" aus dem Fachbereich Sprachwissenschaft fehlt eine einleitende Benennung des Forschungsfeldes. Dadurch wird es für die Leserinnen und Leser schwierig, eingangs zum Thema hinzufinden. Wie bereits erwähnt, hängt der Grad, zu dem eine solche Hinführung notwendig ist, durchaus von der Spezialisierung der Zeitschrift und dem Thema des jeweiligen Artikels ab: In einem thematisch breit gefächerten Journal sollte der Abstract zu einem Artikel mit Spezialthema anders eingeleitet werden als in einer Zeitschrift mit einem entsprechend engen Themenfeld.

Beispiel 9: Sprachwissenschaftlicher Abstract

[Nische besetzen] In this paper, five narrative interviews with multilingual first year students of the Università della Svizzera italiana (Lugano) have been analyzed, paying attention to the rhetorical organization of narrative and argumentative discourse. The university requires these students to learn Italian, a second Swiss national language and English. All students have acquired competences in several languages and have developed similar lay theoretical explanations of language acquisition. When it comes to the way the first period of studying at university has been experienced, however, the students' narratives and assessments differ. One student feels isolated and under strong time pressure because confronted with three foreign languages in top of the regular study program. The others consider one or two of the required languages as a first language and have satisfying social contacts, partly within groups of students having the same origin. Besides good linguistic competence in several languages, shared cultural experience appears to be a key resource for accessing social networks and informal learning situations in the first weeks of study.

Das Original des Abstracts von Johanna Miecznikowski[7] beginnt hingegen mit zwei einleitenden Sätzen, die effektiv das Forschungsfeld abstecken, in dem die Arbeit anzusiedeln ist, und ebenso die Nische etablieren.

Beispiel 10: Ergänzung zu Beispiel 9

[Forschungsbereich etablieren] Student migration, universities' institutionalized multilingual language policies and the use of English for academic purposes make academic environments increasingly multilingual. [Nische etablieren] Biographical narratives may provide useful insights about the students' view on this development.

7 Johanna Miecznikowski. 2010. „Multilingual biographies and academic environments: Student migrants' accounts". *Zeitschrift für Literaturwissenschaft und Linguistik* 160 / 2010 „Sprache und Biographie", 129–150.

Ein weiterer Fehler beim Verfassen von Abstracts ist eine „verkehrte" Reihenfolge, also eine Abfolge von funktionalen Schritten, die nicht der logisch motivierten Struktur entspricht. Im folgenden, von uns abgewandelten Abstract „Befindlichkeit – eine Determinante im Antwortverhalten?" aus dem Bereich Soziologie werden die Leserinnen und Leser unmittelbar mit den Zielen und Methoden der Arbeit konfrontiert [1–3], während Verortung und zugrunde liegende Motivation erst im Anschluss etabliert werden [4].

Beispiel 11: Soziologischer Abstract

[1] Die vorliegende Analyse prüft, ob und in welchem Ausmaß die aktuelle Befindlichkeit des Befragten auf die Antwort (Urteilsvergabe) einen Einfluss haben kann. [2] Dabei wird nicht von einem grundsätzlichen Effekt ausgegangen, vielmehr wird das mögliche Antwortverhalten in Abhängigkeit von Zentralität und den Fragetypen analysiert. [3] Die Prüfung erfolgt anhand einer Sekundäranalyse von drei Befragungen, in welcher die Befindlichkeit als Variable erfasst worden ist. [4] Eine solche Prüfung ist notwendig, weil sich die Artefaktforschung bei der Suche und Prüfung von Artefaktquellen bis dato vor allem auf Methoden- und Situationsaspekte konzentriert und nur selten dem Einfluss von Befindlichkeit auf das Antwortverhalten nachgegangen ist. [5] Die Ergebnisse zeigen deutliche Effekte auf das Antwortverhalten, und zwar in Abhängigkeit von der Zentralität (Ich-Zentralität) der Frageformulierung.

Im Vergleich dazu folgt das Original von Reinhard Bachleitner und Martin Weichbold[8] dem typischen Aufbau und führt somit überzeugend zum Thema hin: Vom Forschungsfeld über das Forschungsdesiderat zu Ziel und Methode, bevor abschließend die Ergebnisse kurz umrissen werden.

---

8 Reinhard Bachleitner & Martin Weichbold. 2007. „Befindlichkeit – eine Determinante im Antwortverhalten?" *Zeitschrift für Soziologie* 36/3/2007, 182–196. Online: www.zfs-online.org/index.php/zfs/article/viewFile/1242/779, Seite besucht am 10.01.2012.

Beispiel 12: Ergänzung zu Beispiel 11

Die Artefaktforschung zentriert sich bei der Suche und Prüfung von Artefaktquellen vor allem auf Methoden- und Situationsaspekte. Selten geht sie dem Einfluss von Befindlichkeit auf das Antwortverhalten nach. Die vorliegende Analyse prüft, ob und in welchem Ausmaß die aktuelle Befindlichkeit des Befragten auf die Antwort (Urteilsvergabe) einen Einfluss haben kann. Dabei wird nicht von einem grundsätzlichen Effekt ausgegangen, vielmehr wird das mögliche Antwortverhalten in Abhängigkeit von Zentralität und den Fragetypen analysiert. Die Prüfung erfolgt anhand einer Sekundäranalyse von drei Befragungen, in welcher die Befindlichkeit als Variable erfasst worden ist. Die Ergebnisse zeigen deutliche Effekte auf das Antwortverhalten, und zwar in Abhängigkeit von der Zentralität (Ich-Zentralität) der Frageformulierung.

Ein letztes häufiges Problem bei Abstracts besteht darin, dass zwar alle funktionalen Schritte umgesetzt sind, aber der eine oder andere „zerrissen“ ist, also verstreut bzw. durch einen anderen unterbrochen ist. Im folgenden, abgewandelten Beispiel des Abstracts „Zur Formierung sozialer Gedächtnisse“ kündigt Satz [1] den Beitrag des Artikels schon zum Teil an, noch bevor in [2], [3] und [4] Forschungsfeld und Problem angesprochen werden. In [5] und [6] wird dann schließlich der anfangs bereits begonnene Schritt zur Ankündigung der eigenen Leistung vervollständigt. So zerreißt die Struktur die intendierte logische Abfolge.

Beispiel 13: Soziologischer Abstract

[1] Dieser Artikel setzt bei einer Kritik und Diskussion der beiden Varianten des soziologischen Verständnisses sozialer Gedächtnisse an und führt diese zu einer Untersuchung variierender und selektiver Mechanismen der Formierung sozialer Gedächtnisse. [2] Gegenwärtige soziologische Theorien zu sozialen Gedächtnissen fallen typischerweise in zwei Kategorien: [3] Sie schließen entweder an die Überlegungen von Halbwachs an und gehen von der Fundierung des sozialen Gedächtnisses in kollektiver Interaktion aus. [4] Oder sie gehen vom Theorem funktionaler Differenzierung aus und binden die Formierung sozialer Gedächtnisse

an Leitmedien und eine vorherrschende Differenzierungsform. [5] Neben den variierenden Faktoren funktionale, kulturelle und generationelle Differenzierung, Medialität, Authentizität und den kommunikativen Gattungen der Narration und des Diskurses wird als selektiver Mechanismus die Relevanz identifiziert. [6] Beide werden zu einer wissenssoziologisch fundierten Theorie der Formierung sozialer Gedächtnisse verbunden.

Das Original dieses Abstracts von Gerd Sebald und Jan Weyand[9] folgt hingegen der etablierten Struktur eines Article Abstracts und setzt sie Schritt für Schritt um:

Beispiel 14: Ergänzung zu Beispiel 13

Gegenwärtige soziologische Theorien zu sozialen Gedächtnissen schließen typischerweise entweder an die Überlegungen von Halbwachs an und gehen von der Fundierung des sozialen Gedächtnisses in kollektiver Interaktion aus. Oder sie gehen vom Theorem funktionaler Differenzierung aus und binden die Formierung sozialer Gedächtnisse an Leitmedien und eine vorherrschende Differenzierungsform. Diskussion und Kritik der beiden Varianten des soziologischen Verständnisses sozialer Gedächtnisse münden in eine Untersuchung variierender und selektiver Mechanismen der Formierung sozialer Gedächtnisse. Neben den variierenden Faktoren funktionale, kulturelle und generationelle Differenzierung, Medialität, Authentizität und den kommunikativen Gattungen der Narration und des Diskurses wird als selektiver Mechanismus die Relevanz identifiziert. Beide werden zu einer wissenssoziologisch fundierten Theorie der Formierung sozialer Gedächtnisse verbunden.

9 Gerd Sebald & Jan Weyand. 2011. „Zur Formierung sozialer Gedächtnisse". *Zeitschrift für Soziologie* 40/3/2011, 174–189. Online: www.zfs-online.org/index.php/zfs/article/view/3067, Seite besucht am 10.01.2012.

1.2 Conference Abstract

Grundsätzlich gelten auch für den Conference Abstract einige Gestaltungsprinzipien, die für den Article Abstract zuvor gezeigt wurden: Auch er folgt einer logisch motivierten Struktur; auch er dient dazu, den Leserinnen und Lesern auf knappem Raum einen Einstieg in das Thema zu ermöglichen, und soll sie neugierig machen. Im Gegensatz zum Article Abstract bezieht sich der Conference Abstract allerdings nicht auf einen bereits fertig geschriebenen, akzeptierten wissenschaftlichen Artikel, sondern auf einen zukünftigen Beitrag im Rahmen einer wissenschaftlichen Konferenz. Die Organisatorinnen bzw. Organisatoren von Konferenzen verlangen u. a. für mündliche Präsentationen (im Rahmen von Panels), für Poster-Präsentationen und selbst bei eingeladenen Vorträgen das Einreichen von Abstract dieser Art.

Jedenfalls findet eine solche Einreichung geraume Zeit vor der eigentlichen Konferenz statt. Der Konferenzbeitrag, auf den sich diese Art Abstract bezieht, ist also nicht nur noch nicht geschrieben, entworfen oder ausformuliert, häufig ist auch die Forschung, auf die sich der Konferenzbeitrag beziehen wird, noch nicht abgeschlossen und schreitet zwischen Verfassen des Abstracts und der tatsächlichen Konferenz weiter voran. Diese spezielle Situation ist für einige Besonderheiten das Conference Abstract verantwortlich, insbesondere seine explizite zeitliche Perspektive.

Zunächst sei aber der augenscheinlichste Unterschied zum Article Abstract angesprochen: In der Regel haben Sie für einen Conference Abstract deutlich mehr Platz, sprich Wörter, zur Verfügung. Anstatt 100 bis 150 Wörter erlauben die Veranstalterinnen bzw. Veranstalter von Konferenzen meist um die 500 Wörter. Auf dem drei- bis fünffachem Raum kann daher diese Art von Abstract auch detailreicher gestaltet werden. Das folgende Beispiel – ein Auszug aus dem typischen Call for Papers der *Societas Linguistica Europaea* – präzisiert die Anforderungen an die erwünschten Abstracts:

Beispiel 15: Call for Papers

For all abstracts the deadline for submission is January 15th 2012. Authors are requested to register and upload their abstract individually via the conference website. So please note that all abstracts must be registered and uploaded. – Abstracts should be (1) anonymous and (2) contain between 400 and 500 words (exclusive of references). (3) They should also state research questions, approach, method, data and (expected) results.

Neben den technischen und organisatorischen Anforderungen (Registrierung, Upload etc.) stechen in obigem Beispiel vor allem die Wortbeschränkung und die inhaltlichen Anforderungen hervor. Für die Wortgrenze ist auch der Hinweis, dass Literaturhinweise nicht zur Wortsumme zählen, von Bedeutung – dies wird allerdings unterschiedlich gehandhabt.

Durch die Inhalte ist gleichzeitig auch eine Grobstruktur vorgegeben. Wie im obigen Beispiel folgt diese immer der inneren Logik der Motiviertheit, auch wenn die einzelnen Abschnitte eventuell anders benannt werden: *research questions, approach, method, data and (expected) results* – Forschung folgt einer Fragestellung, findet einen Zugang, konkrete Methoden, erhebt / analysiert Daten und kommt zu Ergebnissen. Was die Zeitperspektive des Conference Abstract angeht, so ist die gegenwärtige Position im Forschungsprozess zu markieren. Wurden die Daten schon erhoben? Wurden sie bereits ausgewertet? Im Gegensatz zu dieser Ebene, die je nach Fortschritt der Forschungsarbeit unterschiedlich gestaltet werden sollte, wird der eigene Konferenzbeitrag im Abstract in aller Regel als etwas Zukünftiges dargestellt. Anders als der Article Abstract also, der auf den begleiteten Artikel als etwas Gegenwärtiges referiert, bezieht sich diese Art Abstract auf die Präsentation selbst als etwas, das erst geschehen wird. Es gibt allerdings auch Konferenzen, die explizit Beiträge einfordern, die bereits beendete oder in Beendigung befindliche Forschungsarbeiten referieren und in denen reine Absichtsbekundungen im Hinblick auf die Forschung nicht akzeptiert werden.

Das folgende anonyme Beispiel ist ein Conference Abstract mit dem Titel „Tracing long-term discursive change through shifts in argumentative patterns“, der für die Österreichische Linguistik Tagung eingereicht wurde. Charakteristisch sind die Verweise auf Zukünftiges (die Präsentation) bei gleichzeitigem Rückbezug auf Abgeschlossenes (die Forschungsarbeit).

Beispiel 16: Sprachwissenschaftlicher Conference Abstract

The proposed paper will show how, within the context of a specific research project, argumentation theory and, specifically, analytic categories derived from it, became a key element in the analysis of long-term discursive change. The research in question is a discourse-historical study of the ideological and political dimension of film theory over a period of roughly 50 years, beginning in the 1910s and extending up to 1960. The operationalised procedure involved (1) the identification of recurring argumentative patterns, some of them defined on a formal and some on a thematic level, within the text corpus; (2) identifying the patterns' interdependencies within the overall discourse; and (3) mapping the specific configuration of argumentative patterns at one of several historical moments. In case of the research project within which this three-step procedure was employed, this method revealed not only the nominal consistency of patterns across the decades, but also the massive re-configuration of their interconnections and interdependencies. After describing this application in some detail, I will go on to explore the possibilities of articulating and elaborating what was essentially a pragmatic solution to an analytic impasse at a theoretical and methodological level.

Worauf sollte ich bei meinem Conference Abstract achten?
Wie bereits angesprochen ähnelt der Conference Abstract in seinem inneren Aufbau den anderen Typen des Abstracts. Er enthält in der Regel:

- Einbettung in das Forschungsfeld
- Fragestellung, Ziele, Hypothesen
- Beschreibung des Zugangs (einschließlich konkreter Erhebungs- und Analysemethoden)
- Beschreibung der Daten
- zentrale Ergebnisse (bzw. Vorschau auf Ergebnisse)

Anders als bei meist deutlich kürzeren Article Abstracts ist es im Rahmen dieser Struktur allerdings auch möglich, einen Punkt zu fokussieren. Dies sollte je nach Stand der Forschungsarbeit geschehen und kann bedeuten, dass Sie näher auf theoretische Grundlagen eingehen, das Forschungsdesign detaillierter beschreiben oder wichtige Ergebnisse vorstellen. Auch ist es im Conference Abstract möglich, bestimmte Entscheidungen in der eigenen Forschungsarbeit zu *argumentieren* bzw. zu *reflektieren*. Warum wurde dieser theoretische Rahmen gewählt und jener Methodenmix? Auf welcher Grundlage erfolgte die Datenauswahl?

Anders als beim Article Abstract, der bis auf wenige Ausnahmefälle erst verlangt wird, nachdem ein Artikel angenommen wurde, und der diese Annahme daher nicht mehr beeinflusst, entscheidet der vor der Präsentation eingereichte Conference Abstract über die Annahme oder Ablehnung Ihres Beitrages. Er sollte daher nicht nur ein inhaltlich richtiges und schlüssiges Bild von Ihrer Forschungsarbeit vermitteln, in sich logisch und motiviert strukturiert sein, sondern auch dazu geeignet, das mit der Auswahl der Konferenzbeiträge beauftragte Komitee zu überzeugen. Es empfiehlt sich daher, im Rahmen des Abstracts einen erkennbaren Zusammenhang zwischen der eigenen Arbeit und dem Leitthema bzw. den genauer ausgeführten Themenbereichen der jeweiligen Konferenz herauszuarbeiten.

Damit ist nicht gemeint, dass Sie Ihre Forschung unter falschem Namen „an den Mann oder die Frau bringen" sollen. Vielmehr gibt es in vielen Fachbereichen z. B. in einem Themenfeld konkurrierende bzw. sich überlappende Begriffe und Konzepte, die unterschiedliche Aspekte eines Phänomens betonen. Die beiden folgenden Beispiele für solche Situationen beziehen sich auf den Fachbereich der Kommunikationswissenschaft bzw. Kulturanthropologie.

Beispiel 17: Situationsbeispiel 1

In der Kommunikationswissenschaft werden in unterschiedlichen Rahmen verschiedene Begriffe verwendet, um Taxonomien von Arten von Texten zu erstellen bzw. Texte nach ihrer Funktion, Zielgruppe, Struktur etc. zu unterscheiden. Dazu zählen „Textsorte", „Texttyp", „Textart" und das auch im englischen Sprachraum verwendete „Genre“. Verwenden Sie in Ihrer Arbeit bisher immer den englischen Fachbegriff „Genre“, d. h. auch in Ihren deutschsprachigen Texten, so kann es für eine deutschsprachige Konferenz, die sich mit dem Begriff „Textsorte“ positioniert, sinnvoll sein, sich auch mit dem entsprechenden Begriff auseinanderzusetzen und ihn in Ihrem Abstract zu verwenden.

Beispiel 18: Situationsbeispiel 2

In der kulturanthropologischen Forschung gibt es neben der Perspektive „Tradierung und Weitergabe von Wissen“ auch einen Zugang, der den Prozess der Erinnerung, bei dem Wissen re-konstruiert wird, betont. Arbeiten Sie nun in Ihrer Forschung eigentlich mit dem Konzept der Tradierung über Wissensweitergabe im Migrationskontext und erhalten einen Call for Papers zu einer Konferenz, zu der Ihre Forschung thematisch gut passt, in deren Ausschreibung aber die Begriffe „Gedächtnis“ und „Erinnerung“ betont werden, so kann es sich lohnen, auch mal den Blickwinkel zu wechseln. In solchen Fällen sollten Sie natürlich abwägen, wie viel Aufwand eine solche Ergänzung oder Erweiterung Ihrer Arbeit mit sich bringt und ob sich der Aufwand lohnt. Solche von außen motivierten Perspektivenwechsel können erstens sehr inspirierend sein, zweitens sind Konferenzen aber oft auch ein Indikator für wissenschaftliche Trends und eine Gelegenheit, den Anschluss an diese nicht zu verlieren.

Zu guter Letzt sollte ein Conference Abstract, der zwischen sechs und zwölf Monaten vor der eigentlichen Konferenz geschrieben und eingereicht wird, auch noch entsprechend offen gestaltet sein, damit die eigene Arbeit zum späteren Zeitpunkt noch zu dem passt, was Sie angekündigt haben. Dies ist besonders dann empfehlenswert, wenn Sie beim Schreiben des Abstracts noch keine oder nur vorläufige Ergebnisse vorliegen haben. Solche Offenheit muss keinesfalls Vagheit oder Ungenauigkeit im Abstract bedeuten; vielmehr geht es darum, Zukünftiges auch als solches darzustellen, auch wenn diese Perspektive vielleicht ungewohnt ist. Ebenso bieten sich abgeschwächte Formulierungen bezüglich der Ziele und erwarteten Ergebnisse an: „soll zeigen“ statt „zeigt“, „darauf hindeuten“ statt „beweisen“; im Englischen „aims to“, „shall“ und „indicates“

anstatt „shows". Somit fallen geringfügige Änderungen und Abweichungen im Laufe des Forschungsprozesses noch innerhalb des vorgegebenen bzw. angekündigten Rahmens.

1.3 Extended Abstract: eine Langfassung der Kurzfassung

Die Zwecke, für die Extended Abstracts verwendet werden, sind vielfältig. Sie können als Entscheidungsgrundlage für die Veröffentlichung von Manuskripten oder die Förderung von weiterer Forschung dienen; sie können im Anschluss an eine Konferenz einen Einblick in die präsentierten Forschungsarbeiten bieten oder auch schon bei der Einreichung eines Konferenzbeitrages gefordert werden.

Auch wenn der Name zunächst etwas widersprüchlich anmutet – einen Extended Abstract kann man sich durchaus wie einen 20-seitigen Artikel vorstellen, der erfolgreich auf zwei bis vier Seiten gekürzt wurde. In der Praxis ist es allerdings wesentlich einfacher und angenehmer, einen Extended Abstract neu zu schreiben, also auf einem leeren Blatt Papier neu zu beginnen, als einen eventuell bereits geschriebenen Artikel zu kürzen. Als Grundlage ist ein solcher Artikel natürlich trotzdem ausgesprochen hilfreich, da er alle wesentlichen Aussagen enthält, die für den Extended Abstract wichtig sind. Darin unterscheidet sich der Extended Abstract letztlich vom einfachen Abstract: Er sollte alle wesentlichen Aussagen einer Forschungsarbeit vollinhaltlich enthalten, wenn auch nicht alle Details, Hintergründe etc.

Diese Anforderung wird an den Extended Abstract gestellt, weil er als Text für sich steht und alleine funktionieren muss, also keinen weiteren Text begleitet, auf den er sich bezieht bzw. auf den er neugierig machen soll. Stattdessen gibt es für den Extended Abstract die „Eine-Stunde-Regel" (Pugh 2004): Länger sollte es nicht dauern, den gesamten Abstract zu lesen und zu verstehen. Im Rahmen dieser Stunde sollten die ersten 5 Minuten das Interesse der Leserinnen und Leser wecken, die nächsten 10 Minuten fesseln und die letzten 45 Minuten das geweckte Interesse befriedigen. Erfüllt der Abstract eine dieser Anforderungen nicht, so könnte, warnt der Autor dieser Regel, Ihr Abstract unabhängig von der Qualität der zugrunde liegenden Forschung abgelehnt werden.

Worauf sollte ich bei einem Extended Abstract achten?
In seinem Aufbau ähnelt der Extended Abstract den anderen Formen des Abstracts insofern, als auch er der gleichen inneren Logik folgt. Allerdings sind jene Aspekte, die etwa im Article Abstract bzw. Conference Abstract nur angerissen bzw. als vorläufig dargestellt werden – also Methoden, Daten und Ergebnisse – wesentlich konkreter bzw. ausführlicher dargestellt. Auch die theoretisch-konzeptuelle Verankerung kann im Extended Abstract, wenn angebracht, entsprechend substanzieller ausfallen. So kann er tatsächlich als eine Art Langfassung bzw. als eine vollständigere Fassung des einfachen Abstracts angesehen werden. Er unterscheidet sich in seiner Eigenständigkeit allerdings auch vom Executive Summary, der etwa einem umfangreichen Projektbericht vorangestellt werden kann.

Ein Extended Abstract umfasst in der Regel zwischen zwei und vier Seiten und enthält anders als ein Article Abstract (wo angebracht) Zitate, Literaturverweise, Quellenangaben (und dementsprechend auch eine Literaturliste) sowie Tabellen und Grafiken. Sein Aufbau umfasst die folgenden wesentlichen Schritte:

Funktionen / Schritte	Umsetzung
Einleitung	▪ Forschungsfeld etablieren ▪ Zentrale Theorien vorstellen ▪ Grundzüge des Forschungsprojekts wie Forschungsannahmen, Ziele und zentrale Forschungsfragen benennen
Methodische Vorgehensweise	▪ Eckdaten der methodischen Vorgehensweise vorstellen ▪ Argumentieren des Methodendesigns bzw. der Methodenwahl
Ergebnisse	▪ Beschreiben der Ergebnisse (fehlen die Ergebnisse noch, sollte ein Ausblick gegeben werden)
Diskussion	▪ Kurzer Rückblick mit den wichtigsten Befunden ▪ Vorwegnehmen / Abwehren von absehbaren Einwänden ▪ Benennen möglicher Anknüpfungspunkte
Literatur und Anhang	▪ Auswahl der wichtigsten Literatur des Projekts ▪ Bei Bedarf Grafiken, Diagramme und / oder Tabellen

Dinge, die auch in einem Extended Abstract ausgelassen werden können, sind technische Details zu Erhebungsmethoden, Hinweise auf zukünftige Forschungsarbeit, institutionelle Rahmenbedingungen (nicht aber

Förderer und Geldgeber) sowie Implikationen und inhaltliche Verknüpfungen, die für die Kernaussagen Ihrer Arbeit nicht relevant sind.

Wie beim Conference Abstract müssen Sie davon ausgehen, dass Extended Abstracts in vielen Fällen auch von Personen gelesen werden oder, genauer gesagt, dass sie Personen als Grundlage für eine Entscheidung dienen werden, die nicht Spezialistinnen oder Spezialisten auf Ihrem Gebiet sind.

1.4 Thesis Abstract oder Abstract für eine Abschlussarbeit

Als Thesis Abstract bezeichnet man den Abstract einer an einer Universität verfassten Qualifizierungsarbeit, also einer Bachelor-, Master- oder Doktor- bzw. PhD-Arbeit. Der Begriff wird im deutschsprachigen Raum erst seit Kurzem verwendet und bezeichnet nun an vielen Universitäten, was früher schlicht „Kurzfassung" oder „Zusammenfassung" hieß. Damit tragen Universitäten zum einen der wachsenden Internationalisierung der Wissenschaften Rechnung, zum anderen aber auch der nach wie vor zunehmenden Dominanz des Englischen.

In seinem Umfang bewegt sich der Thesis Abstract in der Regel zwischen einer halben und einer ganzen Seite, meist werden zudem ein deutsch- und ein englischsprachiger Abstract verlangt. Der Thesis Abstract folgt allerdings keinem einheitlichem Schema oder Aufbau, da er weder ähnlich stark verbreitet noch vergleichbar stark konventionalisiert ist wie andere Formen des Abstracts. Vielmehr gibt es eine überschaubare Anzahl von Alternativen, wie der Thesis Abstract in der Praxis gehandhabt wird. Wir besprechen diese im Folgenden anhand von Beispielen und zeigen einige Vorteile und Schwächen dieser Zugänge auf.

Abstract mit Schwerpunkt auf Ergebnissen

Ungeachtet der mangelnden Konventionalisierung und nicht zuletzt wegen der begrifflichen Gemeinsamkeit folgen etliche Thesis Abstracts dem Aufbau von Article Abstracts. Da sie aber deutlich mehr Raum zur Darstellung der zusammengefassten Arbeit haben, konzentriert sich diese Art Thesis Abstract auf die Ergebnisse der Forschung. Dies geschieht, wie im folgenden Beispiel des Abstracts einer Dissertation aus dem Fachbereich Ethnologie, Kultur- und Sozialanthropologie zu sehen[10], unabhängig davon, ob es sich dabei um Resultate empirischer Forschung, Rechercheergebnisse oder theoretische Überlegungen handelt.

Beispiel 19: Ethnologischer Thesis Abstract

[Einleitung – Forschungsbereich etablieren] Wetter und Klima sind fixer Bestandteil des täglichen Lebens und beeinflussen soziale Systeme in vielerlei Hinsicht. So ist Wissen zu Wetter und Klima im sozialen Gedächtnis einer Gesellschaft gespeichert, etwa in Form von sozialen Netzwerken, landwirtschaftlichen Bewirtschaftungsmethoden, Methoden der Wettervorhersage (z. B. Bauernregeln), wetterbezogenen Ritualen und wetterbezogenen Schutzmechanismen. Zudem liefern Medien zunehmend mehr Informationen über Wetter und Klima. [Methodische Vorgehensweise] All diese Wissensbereiche, welche Umweltwahrnehmung und somit wiederum die Wahrnehmung von Wetter und Klima bedingen, habe ich anhand einer Fallstudie im von der Landwirtschaft geprägten Großen Walsertal (Österreich) thematisiert und die soziale Bedeutung von Wetter und Klima diskutiert.

[Ergebnisse – Diskussion] LandwirtInnen im Großen Walsertal nehmen Wetter und Klima in erster Linie aus dem praktischen Kontext, aus ihrem Handlungsumfeld heraus, wahr. Kommunikation über Wetter findet zu einem großen Teil anhand lokaler zeitlicher und örtlicher Bezüge statt. Wetter wird in all seiner Dynamik thematisiert. Klimadiskurse stützen sich zu einem großen Teil auf mediale Reportagen, wobei Klima selbst als eine Abfolge von Wetterzuständen über Jahre hinweg und nicht als mittlerer Zustand der Atmosphäre im 30jährigen Mittel (meteorologische Definition) verstanden wird. Erfahrungen mit extremen Wetterzuständen

10 Hemma Burger-Scheidlin. 2007. *Wetter- und Klimakonzepte von Landwirten. Wahrnehmung und Wissen zwischen Praxis und Theorie. Eine sozialanthropologisch – ethnoklimatologische Studie im Großen Walsertal, Österreich.* Dissertation Database, Universität Wien. Online: media.obvsg.at/AC05035623, Seite besucht am 10.01.2012.

wie der Lawinenkatastrophe im Jahre 1954 in der Walsertaler Gemeinde Blons führen zur Konstruktion lokaler Identitäten. Das gemeinsame Erleben und Überleben von Wetterextremen ist ein sozial verbindendes Element und schärft zugleich die Risikowahrnehmung in Hinblick auf Extremereignisse.

Auch heute liefert die Beobachtung der Natur wichtige Informationen zum Wetterverlauf und zu Wetteränderungen, wenn auch das Wissen über solche Beobachtungen zurückgeht. LandwirtInnen im Großen Walsertal wissen nicht nur um Wetterzeichen Bescheid, sondern beobachten auch unterschiedliche Arten und Ausformungen von Schnee, Regen, Wolken und Winden. Alltägliche Wetterbeobachtungen werden oft zu ritualisierten Handlungen und treten wenig ins Bewußtsein der LandwirtInnen.

Lokale Gegebenheiten und eigene Erfahrungen werden von LandwirtInnen im Großen Walsertal als Ausgangspunkt für das Verständnis wissenschaftlicher Inhalte herangezogen. So werden theoretische Informationen zu Wetter bzw. Klima, die in den Medien gebracht werden (z. B. Wettervorhersage, Berichte über Klimawandel), von den LandwirtInnen dann beachtet und in den lokalen Diskurs eingebracht, wenn diese Informationen in der lokalen Praxis beobachtet, angewandt oder umgesetzt werden können, bzw. wenn mediale Aussagen sich mit bereits Beobachtetem, Erfahrenem oder mehrfach Gehörtem in Einklang bringen lassen. Die mediale Wettervorhersage etwa wird gemäß den eigenen Erfahrungen an die lokalen Verhältnisse adaptiert, mediale Berichte zu Klimawandel werden auf Basis eigener Beobachtungen gewertet.

Diese Struktur hat den Vorteil, dass sie einerseits einen logisch motivierten Ablauf bieten kann, andererseits aber auch dem für Leserinnen und Leser wohl interessantesten Aspekt, nämlich den neu gewonnenen Erkenntnissen, viel Raum zu geben vermag.

Strukturorientierter Abstract

Häufig orientieren sich die Autorinnen und Autoren von Thesis Abstracts auch an der Struktur des begleiteten Textes, d. h. der Bachelor oder Master Thesis bzw. der Dissertation. Konkret bedeutet dies meist, dass der Thesis Abstract Schritt für Schritt den Inhalt der einzelnen Kapitel vorstellt. Im Idealfall tut er dies, indem er einen sinnvollen

Zusammenhang – im Sinne einer logisch motivierten Kette – zwischen den Kapiteln herstellt.

Diese Form der Strukturierung des Thesis Abstract bietet sich besonders bei kumulativen Dissertationen an, also Arbeiten, die aus einer Reihe von publizierten Artikeln mit gemeinsamem rotem Faden bestehen (siehe das folgende Beispiel). Das strukturorientierte Ordnungsprinzip sollte allerdings auch in diesen Fällen nicht zu einer rein mechanischen, unzusammenhängenden Abfolge von Sätzen mit Einleitungen wie „Kapitel 2 behandelt …" führen. Das folgende Beispiel ist der Abstract einer kumulativen Dissertation aus dem Fachbereich der Wirtschaftswissenschaften und folgt dem strukturorientierten Prinzip des Thesis Abstract.[11]

Beispiel 20: Wirtschaftswissenschaftlicher Thesis Abstract

[Einleitung] This dissertation collects a series of essays on labour market adjustment in the CEE and old member states. [Kapitel 1 – Ziele, Vorgehensweise] Chapter 1 summarises the literature on regional labour market development in transition. [Kapitel 1 – Ergebnisse] We find that large and persistent regional labour market disparities developed in virtually all transition countries. Differences in starting conditions and market access seem to be the major reasons for regional divergence. [Kapitel 2 – Ziele, Vorgehensweise] Chapter 2 analyzes the evolution of regional unemployment rates, wages, participation rates, migration and employment in seven new EU member states in the 1990s. [Kapitel 2 – Ergebnisse] Persistence of unemployment rates is lower in the first-round candidate countries than in the member states. Furthermore, in both first-round and second-round candidate countries, persistence in participation rates is lower. Migration seems to be an ineffective labour market adjustment mechanism. Wages react more strongly to regional unemployment developments but they are slightly less responsive to national unemployment. [Kapitel 3 – Ziele, Vorgehensweise] Chapter

11 Peter Huber. 2008. *Essays on regional labour market adjustment in an enlarged European Union*. Dissertation Database, Universität Innsbruck. Online: media.obvsg.at/AC05037390, Seite besucht am 10.01.2012.

3 uses data covering 9 EU15 member states and 7 candidate countries to compare inter-regional migration patterns in the 1990s. [Kapitel 3 – Ergebnisse] Migration is lower in candidate countries and new member states than in EU15 member states. Also in contrast to the EU15 member states migration has fallen in candidate countries and new member states. [Kapitel 4 – Ergebnisse] Chapter 4 finds that 89 % of the variance in gross internal migration rates in current member states can be explained by variations in four robustly significant variables (employment protection, international migration, the share of ownership occupied housing and the average region size of a country).

Worauf sollte ich bei einem Thesis Abstract achten?
Auch wenn das Verfassen einer Abschlussarbeit oder Dissertation mitunter eine sehr intensive und persönliche Angelegenheit sein kann, sollte ein Thesis Abstract dennoch frei von persönlichen Kommentaren und Danksagungen sein. Auch sollte er in dem für Ihr Fach üblichen Wissenschaftsstil verfasst sein, d. h., Sie sollten etwaige Tabus auf die Verwendung von „Ich" und „Meine Arbeit" ebenso einhalten wie den Umgang mit persönlichen Wertungen.

Für die Darstellung der Arbeit im Sinne des Textes werden entweder Präsens- oder Imperfekt- und Perfektformen verwendet. Der Text erscheint damit entweder als gegenwärtig, kopräsent oder als in der Vergangenheit abgeschlossenes Produkt der Forschung. Die „Arbeit" im Sinne der Forschungsarbeit selbst wird hingegen immer als etwas Vergangenes beschrieben. Futurformen werden nur in einem allfälligen Ausblick auf künftige Entwicklungen, offene Fragen oder mögliche Forschungsperspektiven verwendet.

1.5 Allgemeine stilistische Aspekte von Abstracts

An den bisher besprochenen Beispielen lässt sich bereits erkennen, dass Abstracts jeder Art meist in einer sehr klaren, deutlichen Sprache verfasst sind. Besonders vorliegende Forschungsdesiderate werden ohne Umschweife benannt, dabei wird aber selten eine Autorin / ein Autor aus der Sekundärliteratur direkt angesprochen, kritisiert oder hinterfragt.

Ebenso direkt werden die eigenen Ziele und die eigene Leistung benannt. Hierbei gelten die üblichen sprach- und fachspezifischen Konventionen bezüglich der Verwendung von Personalpronomen wie „Ich“ und „Wir“ sowie die Möglichkeiten, diese zu vermeiden, etwa durch Passivkonstruktionen und Metonyme wie „Dieser Beitrag“, „Dieser Artikel“ usw.

Während dieser allgemeine Hinweis ebenfalls im Englischen gilt, gibt es auch sprachspezifische Tendenzen. Im Englischen wird das Personalpronomen „I“ tendenziell häufiger verwendet, wohingegen Passivkonstruktionen eher vermieden und Metonyme öfter verwendet werden. Englische Abstracts sind zudem häufig nicht nur deutlich, sondern pointiert bzw. zugespitzt formuliert. Eine solche Tendenz zur Betonung des eigenen Standpunktes ohne inhaltliche Übertreibung bezieht sich oft auf die Zentralität bzw. Relevanz des Feldes und die Notwendigkeit für neue Forschung. Der folgende Abstract mit dem Titel „The role of ecological theory in microbial ecology“ aus einem naturwissenschaftlichen Journal[12] bezieht sich auf eine theoretische Grundlagenfrage (und ähnelt daher geistes- und sozialwissenschaftlichen Abstracts mehr als Abstracts in den angewandten Wissenschaften).

Beispiel 21: Naturwissenschaftlicher Abstract

Microbial ecology is currently undergoing a revolution, with repercussions spreading throughout microbiology, ecology and ecosystem science. The rapid accumulation of molecular data is uncovering vast diversity, abundant uncultivated microbial groups and novel microbial functions. This accumulation of data requires the application of theory to provide organization, structure, mechanistic insight and, ultimately, predictive power that is of practical value, but the application of theory in microbial ecology is currently very limited. Here we argue that the full potential of the ongoing revolution will not be realized if research is not directed and driven by theory, and that the generality of established ecological theory must be tested using microbial systems.

12 James I. Prosser et al. 2007. „The role of ecological theory in microbial ecology“. *Nature Reviews Microbiology* 5, 384–392.

In Beispiel 21 sticht vor allem die Wortwahl heraus: Die Sprachebene ist gehoben, aber nicht elitär. In der konkreten Wortwahl ist der Abstract emphatisch: Allein im ersten Satz finden sich die Wörter *currently*, *revolution*, *repercussions*, *throughout*, gefolgt von *rapid*, *vast diversity*, *abundant*, *novel* im zweiten Satz und so fort. Es handelt sich dabei um „starke" Wörter, die zur Betonung des eigenen Standpunktes dienen und Aufmerksamkeit bei den Leserinnen und Lesern wecken sollen. Aber auch die Grammatik bzw. der Satzbau trägt hierzu bei: Einem alten rhetorischen Prinzip folgend, enthalten die ersten beiden Sätze je eine dreiteilige Aufzählung (z. B. *microbiology*, *ecology and ecosystem science*). Damit nutzt der Autor dieses Abstracts ein etabliertes rhetorisches Mittel, das seit der Antike Anwendung findet, u. a. in jener berühmten Ansprache des Marcus Antonius, die Shakespeare schrieb: „Römer, Mitbürger, Freunde!"[13] Heute folgen Hollywood-Drehbücher diesem Prinzip (und anderen rhetorischen Prinzipien) ebenso wie Ansprachen, politische Reden, Werbung und eben auch wissenschaftliche Abstracts.

Es ist für jede Art Abstract ratsam, ungebräuchliche Metaphern sowie eher alltagssprachliche Formulierungen und Redewendungen zu vermeiden. Gleiches gilt für unklare oder mehrdeutige Begriffe, die oft in Anführungszeichen stehen, um sich davon zu distanzieren. Dies gilt in fremdsprachigen Abstracts umso mehr, da Sie hier mehr als in Ihrer Muttersprache Gefahr laufen, mit einer saloppen Formulierung „danebenzugreifen". Im folgenden Abstract zum Text „Unraveling the Obesity-Cancer Connection" aus der Life-Sciences-Forschung[14] sehen Sie eine solche Formulierung in Form von „its reputation may be changing". Gemeint ist damit – das ist zumindest auf den zweiten Blick ersichtlich (nicht zuletzt aufgrund unserer Erwartungshaltung hinsichtlich der Struktur eines Abstracts) –, dass jüngste Forschungsergebnisse die bisherige „reputation" von Insulin infrage stellen und in eine neue Richtung

---

13 Tatsächlich schrieb Shakespeare „Friends, Romans, Countrymen!" (Julius Caesar, Act III, Scene II).

14 Gary Taubes. 2012. „Unraveling the Obesity-Cancer Connection". *Science* 335, No. 6064, 28–32.

deuten. Ähnlich salopp formuliert in diesem Abstract sind auch „leading candidates“ und „skyrocketing“.

Beispiel 22: Medizinischer Abstract

Insulin, a hormone produced in the pancreas, is more commonly known for its role in diabetes. But its reputation may be changing. Insulin and a related hormone known as insulin-like growth factor (IGF) are now at the center of a growing wave of research around the world aimed at elucidating what many scientists consider to be their critical role in fueling a wide range of cancers. Elevated levels of insulin and IGF are also the leading candidates to explain a significant correlation in epidemiology that has gained attention over the past 30 years: Obese and diabetic individuals have a far higher risk than lean healthy people of getting cancer, and when they do get it, their risk of dying from it is greater. And now that obesity and diabetes rates are skyrocketing, the need to understand this link has become far more urgent.

Zudem sollten im Rahmen eines Article Abstracts ausführliche oder zahlreiche Zitate und Verweise vermieden werden. Etwas eingeschränkt gilt dies auch für die (generell umfangreicheren) Conference und Extended Abstracts. Das folgende Beispiel ist ein für Demonstrationszwecke erstellter Abstract mit dem Titel „Multimodality and Semiotics in Film Studies“. Es zeigt deutlich, dass ein Abstract, der ja schnell und prägnant Inhalte kommunizieren soll, leicht mit Literaturhinweisen überladen werden kann. Unabhängig davon sollte Ihr Abstract auch nicht den Eindruck vermitteln, Stückwerk aus Zitaten anderer Publikationen zu sein.

Beispiel 23: Filmwissenschaftlicher Abstract

The academic field of Film studies boasts a significant number of differing approaches and methodologies. Within the terms of a general semiotics, however, most of these are incompatible (see van Leeuwen 2001; Iedema 2001; Altman 1984). This paper provides a brief exploration of why recent formulations of an approach to "multimodality" promise to solve this impasse for film analysis within semiotics. As such, it highlights "the ways in which various modes contribute to the construction of specific meanings in the film's diegetic world" (Rheindorf 2005: 17). The paper takes an "instrumental view" (Smith 2009: 58) of multimodal discourse analysis, regarding it as a "means rather than as an end in itself" (ibidem), and puts it to service for film analysis.

My approach is furthermore "transdisciplinary in the sense that it draws on various theoretical positions, concepts, and methods associated with the disciplines of linguistics, film studies, and cultural studies" (Miller 2008: 22). While social semiotics as formulated by Halliday (1978) provides a theoretical framework for my engagement with "film as a cultural practice" (Hallo 2007), multimodal concepts are relied on for most of the actual analytical work (O'Halloran 2004).

Widerstehen Sie außerdem der Versuchung, bei englischsprachigen Abstracts möglichst viele wohlklingende oder beeindruckende Vokabeln zu verwenden. Besonders beliebt ist der Einsatz von Konjunktionen, die kausale und logische Zusammenhänge markieren, wie etwa *therefore*, *thus*, *due to*, *hence* usw. Achten Sie darauf, dass diese sinnvoll und nur an den richtigen Stellen stehen. Keinesfalls sollten Konjunktionen wie diese eingefügt werden, um eine logische Verkettung herzustellen, wo inhaltlich gar keine besteht.

Das folgende für didaktische Zwecke angepasste Beispiel mit dem Titel „Light Scattering Spectroscopic Characterization of Healthy and Cancerous White Blood Cells" stammt aus der medizinischen Forschung und verwendet an einigen Stellen Konjunktionen zur Verknüpfung, die auf inhaltlicher Ebene nicht gerechtfertigt sind. Dies betrifft den Übergang zum Schritt „Nische besetzen", an dem *thus* eine kausale Verkettung wie *damit* oder *dadurch* suggeriert, die inhaltlich nicht gegeben ist. Möglich wäre hier grundsätzlich eine Konjunktion wie *therefore*, das Besetzen der Nische muss allerdings nicht so markiert werden. Schließlich gibt der Abstract auch noch so etwas wie einen „Ausblick" und verwendet hier *therefore*, um die möglichen Applikationen mit der vorherigen Diskussion der Ergebnisse zu verknüpfen. Hier wäre wiederum *thus* passend, weil hier eine logisch-kausale Relation zwischen zwei Sichtweisen auf das Ergebnis besteht und nicht zwischen zwei kausal verknüpften Ereignissen.

Beispiel 24: Medizinischer Abstract

Austin Hsiao, Mechanical Engineering

[Forschungsbereich etablieren] Leukemia is uncontrolled proliferation of immature white blood cells. [Nische etablieren] The conventional method of diagnosis requires invasive and medically extensive biopsies and blood samplings of great discomfort to the patients. Since leukemia is the most prevalent type of cancer in children, where blood drawing is particularly painful and difficult, a non-invasive screening modality could improve significantly the detection and monitoring of these patients. [Nische besetzen] Thus, we performed an initial set of studies to assess the potential of light scattering spectroscopy to determine whether unique light scattering signatures can differentiate leukemic from healthy white blood cells. We acquired angle-dependent and wavelength-dependent light scattering maps of the samples in the backscattering geometry. Specifically, we acquired polarized light scattering maps from isolated cell populations along the parallel and perpendicular polarizations and computed the differential light scattering maps, representing mostly singly backscattered light. From these LSS maps, the wavelength-dependence of the biological samples, characterized by a power law exponent value, was used to quantitatively differentiate between the healthy lymphocytes, granulocytes and the leukemia cells. [Ausblick] Therefore, these initial findings can be seen to provide the basis for detection of leukemia in in vivo flow cytometry and to demonstrate the potential of a non-invasive leukemia screening test.

Im folgenden Beispiel 25 sehen Sie ein anderes Problem, das in jeder Art Abstract zu vermeiden ist: eine unfokussierte, d. h. nicht auf die wesentlichen Aspekte konzentrierte Darstellung. Unter dem Titel „Creative decision making within the contemporary Hollywood studios“[15] gibt

15 Alexander G. Ross. 2010. „Creative decision making within the contemporary Hollywood studios“. Online: www.writemovies.com/images/AEX/Alex_Ross_Article.pdf, Seite besucht am 10.01.2012.

dieser Abstract nur vage Hinweise auf seine Ziele – *seeks to contribute* –, ohne zu benennen, was oder wie er dazu beitragen möchte. Die Feststellung *There are compelling questions* ist weder auf eine konkrete Forschungsfrage noch auf deren Beantwortung ausgerichtet. Auch der Hinweis, dass der Artikel neben der Fachliteratur auch die Erfahrungen des Autors berücksichtigt, ist nicht entscheidend für den wissenschaftlichen Beitrag und hilft den Leserinnen und Lesern damit nicht, die Relevanz des Artikels besser einschätzen zu können.

Beispiel 25: Filmwissenschaftlicher Abstract

This article seeks to contribute to the current debate about the decision-making process within the Hollywood studios and the marketing-driven quest to micromanage the creative process in order to manufacture more consistently profitable films. The author outlines the process to which scripts are subjected in order to determine their suitability for production and how this impacts the quality of the scripts. There are compelling questions about whether the current business model hinders relevant, definitive cultural narratives and how this affects both the quality and profitability of contemporary films. In addition to considering the existing literature dealing with the topic, this article also draws on the author's fifteen years' experience in Hollywood as a screenwriter, agent and producer.

Unser letzter Hinweis zur stilistischen Gestaltung von Abstracts betrifft die sogenannte allgemeine Wissenschaftssprache. Diese ist ein Repertoire an Ausdrücken und Phrasen, das über alle Fachgrenzen hinweg verwendet wird, um über Wissenschaft selbst zu sprechen: Wörter wie *Theorie*, *Methode*, *Analyse*, aber auch Phrasen wie *hinlänglich bekannt*, *neuere Studien zeigen* oder *bisher vernachlässigt* gehören damit auch zu den häufigsten verwendeten Formulierungen in Abstracts. Diese Ihnen sicherlich vertrauten Formulierungsvarianten sind alltagssprachlichen Formulierungen vorzuziehen, was auch für englischsprachige Abstracts gilt.

Das folgende Beispiel 26, ein für didaktische Zwecke formulierter Abstract aus dem Bereich der Literaturwissenschaft, entspricht allen gängigen Konventionen bis auf einige Ausdrucksweisen. Die Formulierung *nur wenig geschrieben wurde* ist etwas unbeholfen, üblicher wäre *veröffentlicht* oder *publiziert* bzw. eine grundsätzlich andere Darstellungsvariante wie *nicht eingehend damit beschäftigt* oder *weitgehend vernachlässigt*. Gleiches gilt für die Formulierung *interessiert mich*, die ungewöhnlich ausdrückt, was üblicherweise unter Zuhilfenahme einer Nominalisierung wie *Das Interesse gilt* zum Ausdruck gebracht wird. Auch die Formulierung *ist gut ersichtlich* wäre zu ersetzen durch eine der üblichen Ausdrucksweisen wie *zeigt sich*.

Beispiel 26: Literaturwissenschaftlicher Abstract

Auch wenn Paul Austers literarische Arbeiten stark von europäischen Literaturen beeinflusst sind, ist er auf fundamentale Weise ein amerikanischer Schriftsteller. Die Schauplätze, Figuren, literarischen Bezüge und Themen seiner Arbeit sind entschieden amerikanisch. Obwohl bisher nur wenig zu der gegenseitigen Durchdringung von amerikanischer und europäischer literarischer Tradition in Austers Arbeiten geschrieben wurde, sind sie dennoch ein zentrales Charakteristikum dieser. In der vorliegenden Arbeit interessiert mich vorwiegend sein Romanwerk, das jedoch nur vor dem Hintergrund seiner werk- und genre-umspannenden Poetik verstanden werden kann. Aus der entsprechenden Perspektive ist gut ersichtlich, dass Austers Repertoire an Figuren, Themen und Schauplätzen aus einem Pool amerikanischer Topoi schöpft, seine Gestaltungsprinzipien auf narrativer Ebene jedoch in ihrem Wesen der europäischen Literatur verpflichtet sind.

Auch die englische Wissenschaftssprache hat ihre eigenen Usancen, was die Ausdrucksweise angeht. Besonders für die wesentlichen Schritte in Abstracts – Etablieren des Forschungsbereiches, Etablieren der Nische und Besetzen der Nische – gibt es eine überschaubare Anzahl an Wörtern und Phrasen, die häufig verwendet werden. Da wir diese hier nicht ausführlich behandeln können, möchten wir Sie auf entsprechende weiterführende Literatur und Ressourcen wie die „Phrasebank“ der University of Manchester (abrufbar unter www.phrasebank.manchester.ac.uk) verweisen.

2. Das Exposé für eine Abschlussarbeit

Das Exposé ist ein Bauplan für Ihre wissenschaftliche Arbeit, in dem die wichtigsten Eckpunkte Ihrer Forschungsarbeit definiert sind. Dabei kann es sich um eine Abschlussarbeit für die Erlangung eines akademischen Grades, wie z. B. Bachelor, Magister / Master oder Doktor / PhD, handeln oder um die Skizze eines Forschungsprojekts für einen Forschungsantrag oder ein Stipendium. Grundsätzlich sind Aufbau und Inhalt eines Exposés im Wesentlichen gleich, je nachdem, für welchen Zweck es geschrieben wird, unterscheidet es sich aber in einigen Details: Eine Bachelor- oder Masterarbeit muss z. B. keinen neuen Beitrag zum Stand der Wissenschaft leisten, eine Doktor- bzw. / PhD-Arbeit jedoch schon. Ein Exposé für einen Forschungsantrag enthält z. B. einen Budgetplan, ein Exposé für eine wissenschaftliche Abschlussarbeit braucht einen solchen nicht.

Unabhängig von diesen Spezifika erfüllt das Exposé vier wichtige Aufgaben:

1. Es soll ein Bauplan für Ihre Forschungsarbeit sein,
2. es dient der Überzeugung der Betreuerin oder des Betreuers oder der Fördergeberin oder des Fördergebers,
3. es trägt zur Qualitätssicherung wissenschaftlicher Forschung bei und
4. es hilft bei der Beantragung finanzieller Unterstützung.

An erster Stelle steht allerdings der Bauplan für Ihr Forschungsprojekt.

Der **Bauplan** für Ihre Forschungsarbeit: Im Exposé erarbeiten Sie eine Struktur für Ihre wissenschaftliche Arbeit. Durch diese Struktur gewinnen Sie Klarheit und Sicherheit über Ihr Vorgehen. Sie definieren Ihre Forschungsfrage(n), machen sich Gedanken über das Ziel Ihrer Arbeit und überlegen sich, mit welcher Methode Sie Ihre Frage(n) am besten beantworten und Ihr Forschungsziel erreichen können. Dieser erste Bauplan, den Sie im Exposé skizzieren, zwingt Sie nicht zur exakten Einhaltung aller hier definierten Eckpunkte. Jedes Forschungsprojekt ist ein lebendiger Prozess, der Änderungen unterworfen ist. Gerade dies macht Forschung spannend. Möglicherweise müssen Sie daher während der Arbeit an Ihrem Projekt Forschungsfragen genauer ausformulieren oder die Methoden für Ihre Untersuchung anpassen. Literatur wird hinzukommen, andere Quellen wiederum werden sich als unbrauchbar erweisen. Diese Anpassungen und Änderungen liegen in der Natur der Sache und sollten Sie nicht abschrecken oder verunsichern. Damit Sie aber mit Ihrem Projekt beginnen können, müssen Sie die wichtigsten Eckpunkte definieren, so wie sie sich zum aktuellen Zeitpunkt, d. h. kurz vor Beginn Ihrer Forschungsarbeit, darstellen. Sie müssen sich also bis zu einem gewissen Grad festlegen. Dieses Festlegen gibt Ihnen Sicherheit und ermöglicht – falls notwendig – ein kontrolliertes Nachjustieren einzelner Eckpunkte zu einem späteren Zeitpunkt.

Überzeugen der Betreuerin oder des Betreuers sowie der Fördergeberin oder des Fördergebers: Mit Ihrem Exposé versuchen Sie, Ihre Betreuungsperson oder die Förderinstitution von Ihrem Forschungsvorhaben zu überzeugen und Zustimmung zu Ihrem geplanten Projekt zu erhalten. In diesem Sinne ist das Exposé ein wichtiges Dokument, auf dessen Basis Sie Übereinstimmung mit Ihrer Betreuungsperson erreichen. Dabei kann es schon vorkommen, dass Ihre Betreuerin oder Ihr Betreuer einzelne Eckpunkte mit Ihnen diskutieren will oder Sie auffordert, manche Inhalte genauer zu definieren. Am Ende dieses Abstimmungsprozesses sollte ein Dokument entstanden sein, mit dem Sie beide zufrieden sind. Auf diese Art und Weise sichern Sie sich die Unterstützung Ihrer Betreuungsperson, die für eine laufende gute Betreuung und einen positiven Abschluss Ihres Forschungsprojekts entscheidend ist.

Qualitätssicherung wissenschaftlicher Forschung: Nicht jede Forschungsfrage ist gut gewählt, nicht alle Methoden sind passend, um die gewählte Frage adäquat zu beantworten. Auch der Umfang eines Forschungsprojekts muss mit der dafür veranschlagten Zeit sinnvoll in Einklang gebracht werden. Oft scheitern Forschende daran, dass sie sich zu viel vornehmen. Ist dies der Fall, wird es unwahrscheinlich, dass das geplante Forschungsprojekt erfolgreich durchgeführt werden kann. In diesem Sinne dient das einzureichende Exposé der wissenschaftlichen Institution zur Überprüfung Ihrer Qualifikation als Forscherin oder Forscher. Es zeigt, ob Sie in der Lage sind, Ihr Forschungsvorhaben selbstständig zu konzipieren und zu realisieren. Ein weiterer Aspekt der Qualitätssicherung ist, dass anhand Ihres Exposés überprüft werden kann, ob das gleiche Forschungsprojekt bereits durchgeführt wurde. Solche Projekte – besonders auch Diplomarbeiten, Masterarbeiten und Dissertationen – werden in der Regel abgelehnt, da sie keine neuen Erkenntnisse für die Forschungsgemeinschaft bringen.

Beantragen finanzieller Unterstützung: Für fortgeschrittene wissenschaftliche Qualifikationsarbeiten (Doktorarbeit) gibt es zum Teil finanzielle Unterstützung, z. B. Stipendien. Es ist daher sinnvoll, beim Verfassen Ihres Exposés Ihre potenzielle Förderinstitution gleich zu berücksichtigen und das Exposé eventuell an deren Vorgaben anzupassen. Für Forschungsanträge nach dem Doktorat / PhD ist dies ohnehin ein Muss.

2.1 Allgemeiner Aufbau und formale Richtlinien

In diesem und in den folgenden Kapiteln konzentrieren wir uns nun auf die Vorgaben eines Exposés für eine wissenschaftliche Abschlussarbeit, die sich in vielen Punkten mit den Vorgaben eines Exposés für einen Forschungsantrag und ein Stipendium decken. Diese Varianten des Exposés werden in Kapitel drei nochmals genau besprochen.

Aufbau und Inhalt von Exposés für verschiedene Arten von Abschlussarbeiten sind in den wesentlichen Eckpunkten gleich. Je höher der akademische Grad ist, der mit Ihrer wissenschaftlichen Arbeit angestrebt wird, desto mehr Inhalte werden in einem Exposé verlangt. Damit nimmt auch der Umfang des Textes zu. Das Exposé für eine Bachelorarbeit wird ca. 2 bis 5 Seiten umfassen. Das Exposé für eine Masterarbeit ca. 3 bis 10 Seiten und das Exposé für eine Dissertation ca. 5 bis 20 Seiten. Die

Seitenanzahl des Exposés kann, abhängig von der Disziplin, in der die wissenschaftliche Arbeit verfasst wird, stark variieren. Exposés im Bereich der Naturwissenschaften sind häufig kürzer als Exposés im Bereich der Geistes- und Sozialwissenschaften. Fixe Vorgaben zum Aufbau, den Inhalten und dem Umfang gibt es nur an wenigen Instituten oder nur bei wenigen Betreuerinnen bzw. Betreuern. Erkundigen Sie sich daher unbedingt bei Ihrer Betreuungsperson oder an Ihrem Institut, ob es Richtlinien gibt, an die Sie sich halten müssen, bevor Sie unsere Vorlage verwenden. In der Regel werden solche Richtlinien aber kaum von dieser abweichen.

Die Vorlage, die wir Ihnen hier präsentieren, enthält alle wesentlichen Informationen, die ein Exposé enthalten sollte, und orientiert sich an den Standards für ein Dissertationsexposé, die wir im Rahmen unserer Forschungsprojekte (FWF Projektnr. L179-G3, Gruber & Huemer & Rheindorf 2009) und in unseren Lehrveranstaltungen entwickelt haben. Die Inhalte sind als Überschriften formuliert. In Klammer unmittelbar hinter jeder inhaltlichen Überschrift in der Vorlage finden Sie die Kürzel „BA, MA, PhD". Diese Kürzel sagen etwas darüber aus, für welche Abschlussarbeit der jeweilige Inhalt notwendig ist. Dies soll Ihnen dabei helfen zu entscheiden, welche Inhalte Sie in Ihrem Exposé genauer ausführen möchten und welche Sie eventuell weglassen können.

Das Deckblatt

Jedes Exposé benötigt ein Deckblatt, auf dem die wichtigsten Angaben zu Ihrer Person, der Betreuerin oder dem Betreuer und dem Fachbereich enthalten sind. Natürlich sind auch der Arbeitstitel sowie Ort und Datum relevante Informationen, die keinesfalls fehlen dürfen.

Beispiel 27: Musterangaben

Name: Mag. Manfred Muster

Matrikelnummer: 123456789101

Studienkennzahl: A 092 327

Kontaktdaten: Musterstraße 1, 28359 Bremen. E-Mail: manfred.muster@uni-bremen.de Mobil: 0699 11119944

Betreuerin / Betreuer: Univ.-Prof. Dr. Maria Muster

Institut / Fachbereich: Institut für Sprach- und Literaturwissenschaft, Universität Bremen

Exposé – Arbeitstitel

Ort, Datum: Bremen, am

Das Inhaltsverzeichnis

Jedes Exposé, das länger als 5 Seiten ist, sollte ein eigenes Inhaltsverzeichnis enthalten. Darin sind die Überschriften der Kapitel und Unterkapitel angeführt und durchnummeriert. Im Folgenden finde Sie drei mögliche Varianten als Beispiele.

Beispiel 28: Exposé für eine Bachelor- oder Magister-/Masterarbeit

---

Inhaltsverzeichnis

Beispiel 29: Exposé für eine Doktorarbeit / PhD Thesis

Inhaltsverzeichnis

Beispiel 30: Exposé für eine naturwissenschaftliche Forschungsarbeit

Inhaltsverzeichnis

Inhalte des Exposés
Das Exposé ist ein sehr dicht formulierter Text, in dem Sie möglichst prägnant und schlüssig die in der Vorlage angegebenen Inhalte beschreiben müssen. Für die Gliederung Ihres Exposés empfiehlt es sich, die Überschriften (eventuell leicht adaptiert) aus der Vorlage zu verwenden. Hierbei sind verschiedene Varianten möglich, die durch einen Schrägstrich (/) gekennzeichnet sind. Naturwissenschaftliche, technische oder philosophische Exposés bevorzugen manchmal die Überschriften „Problemstellung“ anstelle von „Thema der Arbeit“ und „Lösungswege“ oder „experimentelles Design“ anstelle von „Vorgehensweise“, oder sie geben bereits im Exposé einen Ausblick auf die zu erwartenden Ergebnisse.

Beispiel 31: Exposé-Inhalte

Thema der Arbeit / Problemstellung: (BA, MA, PhD)
Kurze allgemeine Einführung in Ihr Thema. Was wird behandelt?
Oder: Kurze Skizze der Ausgangssituation und Problemstellung. Was wird behandelt?

Abriss des aktuellen Forschungsstandes: (BA, MA, PhD)
An welchen derzeitigen Forschungsstand knüpfen Sie mit Ihrem Thema an?
Hier führen Sie relevante Forschung und aktuelle Studien an.

Identifizierung einer Forschungslücke: (PhD)
Gibt es eine Forschungslücke im derzeitigen Forschungsstand?
Wie werden Sie diese mit Ihrer Arbeit schließen?

Forschungsziel: (BA, MA, PhD)
Was will ich mit meiner Arbeit erreichen?

Zentrale Fragestellung(en)/ Hypothesen: (BA, MA, PhD)
Was ist / sind die zentrale(n) Fragestellung(en)?
Wenn Sie mit Hypothesen arbeiten, geben Sie diese an.

Methode(n)/Vorgehensweise / Lösungswege/experimentelles Design: (BA, MA, PhD)
Welche Methoden werden Sie verwenden?
Wie gehen Sie methodisch vor?

Untersuchungsmaterial / Analysekorpus/Quellen / Daten: (BA, MA, PhD)
Geben Sie Auswahlkriterien sowie Umfang, Erschließung und Aufbereitung Ihres Untersuchungsmaterials an.

Relevanz der Arbeit begründen / zu erwartende Ergebnisse: (PhD)
Welchen Beitrag zum Wissensstand der Forschungsgemeinschaft leisten Sie mit Ihrer Arbeit?
Oder: Welche Ergebnisse sind zu erwarten?

Inhaltsverzeichnis und Zeitplan: (BA, MA, PhD)
Erstellen Sie ein erstes Inhaltsverzeichnis und einen ersten groben Zeitplan, der die wichtigsten Arbeitsschritte enthält.

Auswahlbibliografie: (BA, MA, PhD)
Relevante Literatur (erste Auswahl / Standardwerke, aktuelle Fachartikel)

Für manche Themen scheint es auch sinnvoll, die einen oder anderen Überschriften zu kombinieren, besonders dann, wenn ein eigener Absatz nicht genug Text enthalten würde. So könnten Sie „Ziel der Arbeit und zentrale Forschungsfrage" kombinieren oder „Forschungsstand und Forschungslücke". Natürlich sind auch noch andere Varianten denkbar. Überprüfen Sie selbst, welche Überschriften aus der Vorlage sich am besten für die Darstellung Ihres Themas eignen – die hier präsentierten Überschriften sind nicht als definitive Vorgabe, sondern als Vorschlag zu verstehen.

2.2 Eingrenzen des Themas

Bevor Sie mit der Arbeit an Ihrem Exposé beginnen können, ist es notwendig, dass Sie Ihr Thema gut eingegrenzt haben und wissen, was Sie (vom heutigen Standpunkt aus) in Ihrem Forschungsprojekt bearbeiten möchten. Wenn Sie noch unsicher sind, welche Inhalte Teil Ihrer Arbeit sein sollen, und wenn Ihr Thema erst vage formuliert ist, wird es Ihnen nicht möglich sein, ein Exposé zu verfassen, das den erforderlichen Qualitätsstandards entspricht und einer Begutachtung standhält. Das Eingrenzen Ihres Themas ist daher der erste und unerlässliche Schritt, bevor Sie mit dem Schreiben Ihres Exposés beginnen können.

Wenn Sie Ihr Thema selbst wählen, dann liegt es in Ihrem Ermessen, worauf Sie den Fokus richten. Die häufigsten Schwierigkeiten, die hier auftreten, sind zu weit gefasste Themen, die im jeweiligen Zeitrahmen nicht oder nur schwer bewältigbar sind, und die Unsicherheit darüber, ob mit der gewählten Forschungsfrage auch wirklich interessantes wissenschaftliches Neuland betreten wird.

Wenn Sie Ihr Thema von Ihrer Betreuerin oder Ihrem Betreuer vorgeschlagen bekommen, dann sollten Sie überprüfen, ob dieses Thema lediglich „Schlagwort"-Charakter hat oder bereits ausreichend präzisiert ist, um von Ihnen bearbeitet zu werden. Wenn auch nach Nachfragen die Themenstellung vage bleibt, sind große Teile der Themenstellung Ihnen überlassen. Es ist nun an Ihnen, auf der Basis Ihres Wissens zum grob vorgegebenen Thema eine Fragestellung zu präzisieren. Schränken Sie Zeitrahmen, Material oder auch geografischen Rahmen ein, um die Arbeit bewältigbar zu machen. Fokussieren Sie auf einen oder einige wenige Aspekte innerhalb des Themenkreises.

Um zu definieren, was Inhalt Ihres Forschungsprojekts sein soll und was Sie vorerst ausklammern müssen, eignen sich zwei Techniken, die wir Ihnen im Folgenden vorstellen. Die erste betrifft den Arbeitstitel und die zweite ist die Erstellung einer Mindmap, aus der sich eine erste Grobstruktur (bzw. ein vorläufiges Inhaltsverzeichnis) entwickeln lässt.

Formulierung des Arbeitstitels

Oft sind die gewählten Arbeitstitel so grob formuliert, dass sie nur ein „Schlagwortthema" abbilden, aus dem sich mehrere Forschungsprojekte ableiten lassen. Durch einen spielerischen Umgang mit dem Arbeitstitel, indem Sie versuchen, möglichst viele Eckpunkte Ihrer Arbeit genauer zu definieren und im Arbeitstitel sprachlich auszuformulieren, bringen Sie Ihr Thema besser auf den Punkt.

Lange Arbeitstitel, die sich über mehrere Zeilen erstrecken, erscheinen oft hässlich und sperrig. Versuchen Sie jedoch trotzdem, Ihren Arbeitstitel zunächst möglichst „hässlich" zu machen – mit dem Ziel, ihn so genau wie möglich zu definieren. Erst in einem zweiten Schritt können Sie Ihren Arbeitstitel wieder kürzen und stilistisch „verschönern". Diesen revidierten Arbeitstitel können Sie dann für Ihr Exposé verwenden.

Überprüfen Sie anhand Ihres Arbeitstitels, ob es für Ihr gewähltes Thema sinnvoll wäre, die folgenden Punkte genauer zu definieren:

1. Muss das Projekt örtlich eingeschränkt werden?
2. Muss das Projekt zeitlich eingeschränkt werden?
3. Welche Inhalte / Begriffe Ihres Arbeitstitels könnten präzisiert und genauer definiert werden?
4. Gibt Ihr Arbeitstitel Aufschluss über die verwendete Methode oder die Daten, die Sie untersuchen?
5. Geht aus Ihrem Arbeitstitel das Ziel Ihrer Arbeit hervor?

Diese fünf Punkte sind „Schrauben“, mit denen Sie an Ihrem Arbeitstitel „drehen“ können, um sich selbst darüber klar zu werden, worauf Sie in Ihrem geplanten Projekt den Fokus richten möchten.

Ein Beispiel:
Nehmen Sie an, Ihr Arbeitstitel lautet folgendermaßen:
Der politische Diskurs in den österreichischen Medien

Nun versuchen Sie Schritt für Schritt an allen fünf Schrauben zu drehen, um Ihr Thema besser in den Griff zu bekommen.

1. Ist das Thema örtlich eingegrenzt? Antwort: Ja. Das Projekt untersucht nur *österreichische* Medien. Frage: Ist diese Eingrenzung sinnvoll? Antwort: Ja, sofern es sich um keinen internationalen Medienvergleich handeln soll.
2. Ist das Thema zeitlich eingegrenzt? Antwort: Nein. Frage: Wäre eine solche Einschränkung sinnvoll? Antwort: Ja; sie ist sogar unbedingt notwendig, da die Untersuchung sonst nicht durchführbar wäre. Aus diesem Grund wird der Zeitraum auf das *Jahr 2010* beschränkt. Dies macht insofern Sinn, als sich der politische Diskurs auf ein Thema bezieht, dass in diesem Jahr in Österreich heftig diskutiert wurde.
3. Sind die Begriffe, die im Arbeitstitel vorkommen, ausreichend präzisiert? Antwort: Nein. Der Begriff „politischer Diskurs“ ist viel zu umfangreich. Es muss klar definiert werden, welcher politische

Diskurs untersucht werden soll. In diesem Fall handelt es sich um den politischen Diskurs zum Thema *Schulreform*.

4. Gibt der Arbeitstitel Aufschluss über die verwendete Methode oder die Daten, die untersucht werden? Antwort: Nein bzw. nur zum Teil. Aus dem Arbeitstitel geht nicht hervor, um welche Art der Untersuchung es sich handelt. Ist dies eine kritische Analyse, ein Vergleich, ein historischer Abriss? Auch die Daten sind nur sehr vage formuliert. Um welche „Medien" handelt es sich genau? Fernsehen, Radio, Internet, Tageszeitung etc.? Deshalb ist es notwendig, sowohl die Methode als auch die Daten im Arbeitstitel genauer zu definieren. Die Methode dieser Untersuchung ist ein *medienkritischer Vergleich* der österreichischen *Tageszeitungen Krone, Kurier, Presse und Standard*.
5. Geht aus diesem Arbeitstitel das Ziel der Arbeit hervor? Antwort: Nein. Doch nachdem die Punkte eins bis vier im Arbeitstitel genau ausformuliert worden sind, ist auch das Ziel der Arbeit klar. Es geht in diesem Forschungsprojekt darum aufzuzeigen, wie das Thema Schulreform abhängig von der jeweiligen Tageszeitung unterschiedlich diskutiert wird.

Nachdem nun an allen Schrauben gedreht worden ist, lautet der umformulierte Arbeitstitel folgendermaßen:
Der politische Diskurs zum Thema Schulreform in den österreichischen Tageszeitungen Krone, Kurier, Presse und Standard im Jahr 2010: Ein medienkritischer Vergleich.

Da dieser Arbeitstitel auch stilistisch akzeptabel ist, könnten Sie ihn durchaus für Ihr Exposé verwenden. Eventuell könnte er noch durch die folgende Umformulierung verbessert werden: „Ein medienkritischer Vergleich ausgewählter österreichischer Tageszeitungen zum politischen Diskurs über die Schulreform im Jahr 2010."

Die Mindmap und die erste Grobstruktur der Arbeit

Eine Mindmap kann Ihnen dabei helfen, die Inhalte einer geplanten wissenschaftlichen Arbeit aufzulisten und in Beziehung zueinander zu setzen, damit Ihnen die Zusammenhänge zwischen ihnen klar werden.

Wenn Sie die Mindmap dazu verwenden, Ihr Thema einzugrenzen, sollten Sie zuerst alle Inhalte zu Ihrem Thema, die Sie gerne bearbeiten würden, aufschreiben, und zwar auch dann, wenn es viel zu viele sind. Das Aufschreiben aller Inhalte, die Ihnen in den Sinn kommen, dient dazu, sich sozusagen alles von der Seele zu schreiben, was ihnen im Zusammenhang mit Ihrem Thema wichtig ist. Als zweiten Schritt definieren Sie, welche Inhalte der Theorie, der Methode, den Daten, der Fragestellung, dem Ziel etc. zuzuordnen sind und gruppieren diese Inhalte, indem Sie sie z. B. farblich markieren. Dann überlegen Sie, ob Sie gewisse Inhalte noch genauer definieren müssen bzw. ob sich gewisse Inhalte in Unterkategorien aufgliedern lassen. Als letzten Schritt überprüfen Sie anhand Ihres Forschungsziels bzw. der Frage „Was will ich eigentlich untersuchen und was soll dabei herauskommen?“, welche Inhalte unbedingt notwendig sind, um dieses Ziel zu erreichen. Dabei streichen Sie alle Inhalte durch, die Sie nicht unbedingt benötigen.

Die folgende Mindmap wurde für ein Diplomarbeitsexposé zum Thema „Mineralogische Inhalte im Internet und deren Brauchbarkeit für den Biologieunterricht in der 10. Schulstufe“ verfasst. Diese Mindmap ist bereits von allen Inhalten bereinigt, die nicht Teil der Untersuchung sein sollen.

Beispiel 32: Mindmap

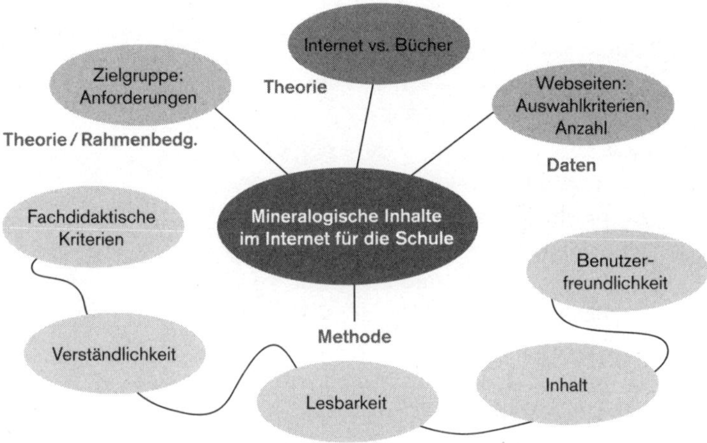

Sobald Sie mit Ihrer Mindmap zufrieden sind, können Sie sich als nächsten Schritt überlegen, wie Sie Ihren Text aufbauen wollen, d. h., in welchem Kapitel Sie über welche Inhalte schreiben werden und wie Sie die Reihenfolge der Kapitel logisch strukturieren, damit die Bearbeitung Ihres Themas für Ihre Leserinnen und Leser nachvollziehbar wird. Versuchen Sie, in einem ersten Inhaltsverzeichnis Hauptpunkte und Unterpunkte zu definieren und deren Reihenfolge zu bestimmen. Achten Sie dabei darauf, dass Sie Ihre Hauptpunkte nicht zu breit anlegen oder umgekehrt Ihre Arbeit nicht in zu viele Unterpunkte zergliedern. Für eine erste Grobgliederung sollten Sie nur zwei hierarchische Ebenen einplanen. Eine detailliertere Untergliederung ist zum Zeitpunkt des Projektstartes weder sinnvoll noch möglich.

Dieses erste Inhaltsverzeichnis dient Ihnen nun als Grobgliederung und zur Orientierung und ist Teil Ihres Exposés. Das endgültige Inhaltsverzeichnis können Sie dann nach Fertigstellung Ihres Textes automatisch mit dem PC erstellen.

Das folgende Beispiel ist eine erste Grobgliederung, die aus der oben dargestellten Mindmap entwickelt wurde.

Beispiel 33: Erste Grobgliederung / Inhaltsverzeichnis

1. Einleitung
2. Rahmenbedingungen
  2.1 Die Zielgruppe
  2.2 Internet versus Bücher
3. Daten
  3.1 Auswahl der Daten
  3.2 Beschreibung der Daten
4. Methode
  4.1 Verständlichkeit und Lesbarkeit
  4.2 Benutzerfreundlichkeit der Webseiten
  4.3 Inhaltsüberprüfung
  4.4 Einstufung der Fachdidaktik
5. Analyse der Webseiten
  5.1 Detailanalyse Webseite 1
  5.2 Detailanalyse Webseite 2
  5.3 Detailanalyse Webseite 3
  5.4 Detailanalyse Webseite 4
  5.5 Detailanalyse Webseite 5
6. Interpretation der Ergebnisse
7. Empfehlungen für den Unterricht
8. Zusammenfassung
Literaturverzeichnis
Anhang

Sowohl das Formulieren Ihres Arbeitstitels als auch die Erstellung einer Mindmap können Ihnen dabei helfen, Ihr Thema einzugrenzen. Beginnen Sie erst dann mit dem Schreiben Ihres Exposés, wenn Sie diesen wichtigen Schritt vollzogen haben. Wenn sich im Laufe Ihres Forschungsprojekts herausstellt, dass Sie z. B. noch ein oder zwei Inhalte untersuchen, bestimmte Daten durch andere ersetzen oder weitere theoretische Aspekte hinzufügen oder andere streichen müssen, stellt dies im Normalfall kein Problem dar. Es liegt in der Natur der Sache, dass ein Forschungsprojekt ein lebendiger Prozess ist, dessen Inhalte im Zuge der Forschungsarbeit angepasst werden müssen.

2.3 Die Einführung in das Thema Ihrer Arbeit

Mit der Darstellung des „Themas Ihrer Arbeit" beginnen Sie Ihr Exposé. Diesen Abschnitt sollten Sie im Sinne einer kurzen Einleitung verfassen, in der Sie Ihr Thema benennen, es in den wissenschaftlichen Kontext Ihres Fachbereiches einbetten, das Ziel Ihrer Arbeit kurz beschreiben und angeben, mit welchen Theorien bzw. Methoden Sie dieses Ziel erreichen wollen. Die hier genannten Inhalte werden in der Einleitung nur kurz zusammengefasst, da sie später im Exposé nochmals ausführlich behandelt werden. Es würde sich daher anbieten, die Einleitung erst dann zu verfassen, wenn Sie bereits das ganze Exposé geschrieben haben.

In naturwissenschaftlichen und technischen Disziplinen bzw. in der Philosophie kann es sinnvoll sein, Ihr Exposé statt mit einer solchen allgemeinen Einleitung mit der Beschreibung der „Problemstellung" oder Ausgangssituation zu beginnen. In diesem Fall sollten Sie das Thema Ihrer Arbeit nennen und dann ihre Problemstellung oder Ausgangssituation ausführlich skizzieren, wobei Sie gleichzeitig das Thema in den wissenschaftlichen Kontext einbetten. Diese Problemskizze fällt meist länger aus als eine allgemeine Einleitung. Das Ziel Ihres Forschungsprojekts sollten Sie in diesem Fall erst im nachfolgenden Abschnitt beschreiben.

Die folgende Tabelle zeigt Vorschläge, wie Sie diese zwei verschiedenen Varianten aufbauen können:

Thema der Arbeit	Problemstellung
Das Thema Ihrer Arbeit benennen.	Das Thema Ihrer Arbeit benennen.
Das Thema in den wissenschaftlichen Kontext einbetten. Eventuell Forschungslücke benennen.	Ausführlich die Problemstellung oder Ausgangssituation skizzieren. Thema in den wissenschaftlichen Kontext einbetten.
Das Forschungsziel kurz und prägnant beschreiben.	
Die Theorien bzw. Methoden angeben und kurz beschreiben, wie Sie dabei vorgehen werden, um dieses Ziel zu erreichen.	

Das folgende Beispiel zeigt einen Auszug aus dem Dissertationsexposé mit dem Titel „The Delicate Place. Das Motiv des Fensters als Öffnung ins Innere in Romanen und Erzählungen seit 1945" von Gianna Zocco, das im Fachbereich Vergleichende Literaturwissenschaft eingereicht wurde. Der folgende Auszug, der die Einleitung des genannten Exposés enthält, wurde von uns aus didaktischen Gründen leicht verändert. Die Überschriften in eckigen Klammern wurden von uns hinzugefügt und dienen ausschließlich dazu, die Struktur des Textes sichtbar zu machen.

Diese Einleitung hat einen gut strukturierten Aufbau. Im ersten Absatz wird in das Thema der Arbeit eingeführt. Dann wird das Thema in den allgemeinen Forschungskontext der Vergleichenden Literaturwissenschaft eingebettet. Im letzten Absatz werden das Ziel der Arbeit und die methodische Vorgehensweise kurz skizziert.

Beispiel 34: Einleitung

[Thema der Arbeit benennen] Spätestens seit der Romantik ist der Blick durchs Fenster in das Innere von Häusern, Zimmern und Menschen ein bekanntes, literarisches Motiv: Das Fenster erscheint als Schwellenort und Grenze im mehrfachen, oft mit symbolischer Bedeutung aufgeladenen Sinn. Es trennt den öffentlichen vom privaten und manchmal intimen Raum, markiert die Schwelle zwischen äußerer und innerer Realität. Als Blick ins Innere ist der Fensterblick in einen verborgenen, den Sinnen nicht unmittelbar zugänglichen Bereich gerichtet und bietet den beobachtenden Protagonisten und Protagonistinnen oft ein so geringes Maß an Information, dass die Verarbeitung des Gesehenen nur mittels Rückgriff auf die eigene Interpretations-, Reflexions- und Imaginationsfähigkeit erfolgen kann. Indem es die Beobachtenden auf sich selbst zurückwirft, übernimmt das Fenster die Funktion eines Spiegels.

[Einbettung in den wissenschaftlichen Kontext] Diese Selbstreflexivität des Fensterblicks regt zur Thematisierung ästhetischer und metatextueller Fragen im literarischen Text an. Das macht das Motiv des Blicks durch ein Fenster ins Innere besonders interessant für avantgardistische literarische Strömungen wie den Nouveau Roman und die sich selbst hinterfragende Literatur der Postmoderne.

[Ziel der Arbeit nennen und methodische Vorgehensweise beschreiben] Ausgehend von der Annahme, dass das Motiv des Blicks ins Fenster in hohem Maße die Sehgewohnheiten und sozialkulturellen Normen einer Gesellschaft reflektiert und gleichzeitig Rückschlüsse auf poetologische und ästhetische Grundannahmen erlaubt, möchte sich die Dissertation in vergleichenden Analysen mit dem Fensterblick in literarischen Texten seit 1945 beschäftigen. Für diese Motivstudie werden Methoden aus der Thematologie angewandt, die mit Ansätzen aus der Raumtheorie, der Soziologie, der Wahrnehmungstheorie sowie mit Konzepten aus dem Bereich Intertextualitätstheorie und kollektives Gedächtnis kombiniert werden. Dabei werden ca. 20–30 Werke aus dem Genre Erzählung und Roman in deutscher, englischer, italienischer und französischer Sprache zw. 1945 und 2010 analysiert und miteinander verglichen.

Das folgende Beispiel ist ein Auszug aus dem Exposé mit dem Titel „Eine Ordnungslehre für Informationsmodelle", das im Fachbereich Wirtschaftsinformatik an der Technischen Universität Chemnitz verfasst wurde.[16] Es enthält eine ausführliche Darstellung der Ausgangssituation, gefolgt von einer Beschreibung der Problemstellung und der sich daraus entwickelnden leitenden These für die Dissertation. Das Beispiel wurde von uns leicht adaptiert. Die Überschriften in eckigen Klammern dienen der Illustration und wurden von uns hinzugefügt.

Beispiel 35: Problemstellung

[Ausgangssituation und Problemstellung] Innerhalb der Wirtschaftsinformatik sind Modelle zentrales Mittel zur Gestaltung betrieblicher Informationssysteme. [Beck95] Unter einem Modell wird hier ein in einer Sprache formulierter Ausdruck verstanden. Der Begriff Sprache umfasst bspw. das Entity-Relationship-Model, Ereignisgesteuerte Prozessketten, die Unified Modeling Language, Petri-Netze, Java, Smalltalk und weitere mehr oder weniger wohldefinierte Sprachen. Es wird unterstellt, dass Modelle unterschiedliche Geltungsansprüche erheben.

16 Peter Fettke. Exposé „Eine Ordnungslehre für Informationsmodelle". Technische Universität Chemnitz. Online: www.qucosa.de/fileadmin/data/qucosa/documents/4436/data/2001_fettke_eine_ordnungslehre_fuer_informationsmodelle_dc_wi-if-2001.pdf, Seite besucht am 10.01.2012.

Verschiedene Geltungsansprüche sollen durch folgende Modell-Typen zum Ausdruck gebracht werden:
–Typ 0-Modell: Ein Typ 0-Modell ist ein gemäß der gewählten Sprache gültiger Ausdruck ohne weitere Geltungsansprüche. Ein Typ 0-Modell ist formal korrekt.
– Typ 1-Modell: Ein Typ 1-Modell ist ein Typ 0-Modell, das den Anspruch erhebt, bei der Gestaltung eines konkreten betrieblichen Informationssystems einer Unternehmung nutzbringend eingesetzt werden zu können.
– Typ 2-Modell: Ein Typ 2-Modell ist ein Typ 1-Modell, das weitere Geltungsansprüche wie Allgemeingültigkeit, Robustheit, Flexibilität und Konsistenz erhebt [BeSc96, S. 26]. Aus der in dieser Arbeit eingenommenen Sichtweise zeichnen sich im Idealfall Typ 2-Modelle durch drei weitere Merkmale aus: Erstens sind die Vor- und Nachteile sowie die Konsequenzen der Verwendung des Modells wohlbekannt. Zweitens ist die Verwendung des Modells bei der Systemgestaltung erprobt und entsprechende Erfahrungen sind dokumentiert. Drittens sind die Konstruktionsprinzipien und Entwurfsentscheidungen des Modells wohlbegründet und explizit formuliert. Die hier intendierte Bedeutung des Wortes Typ 2-Modell wird als (teil-)synonym zu einer Reihe in der Literatur verwendeter Begriffe verstanden: Analysemuster, Baustein, Entwurfsmuster, generische Struktur, Modellierungsbaustein, Referenzmodell und wiederverwendbares Modell.

Es stellt sich die Frage, welche Typ 2-Modelle zur Gestaltung betrieblicher Informationssysteme genutzt werden können. Die Durchsicht der Literatur offenbart drei wesentliche Probleme:

1. Problem der Quantität: In der Literatur existiert eine Vielzahl unterschiedlicher Typ 2-Modelle. Im Rahmen eigener Recherchen wurden bisher über 2000 Typ 2-Modelle nachgewiesen. [BeSc96; Fowl97; Hay96; Lind92; Loos92; Loos97; Raut97; Remm97; Sche97; Schl00]

2. Problem der Wiederauffindbarkeit: Es existiert kein methodisches Instrumentarium, um die in der Literatur vorhandenen Typ 2-Modelle systematisch und zielgerichtet wiederaufzufinden. Vielmehr verläuft der Prozess der Wiederauffindung eines Typ 2-Modells willkürlich.

3. Problem der Dokumentation: Die in der Literatur vorhandenen Typ 2-Modelle sind uneinheitlich dokumentiert. Ferner sind Anwendungsdomäne und Verwendungsrandbedingungen der Modelle in vielen Fällen nicht explizit oder nur unzureichend spezifiziert, sondern erschließen sich häufig nur durch das Studium der gesamten Modelldokumentation.

[Thema der Arbeit] Vor dem Hintergrund der skizzierten Probleme wird folgende Ausgangsthese postuliert:

Die in der Literatur vorhandenen Typ 2-Modelle sind nicht systematisch zugreifbar, wodurch diese Modelle bei der Gestaltung betrieblicher Informationssysteme gar nicht oder nur eingeschränkt genutzt sowie weiterentwickelt werden können.

Im Sinne der Lesefreundlichkeit wäre es besser, die leitende These, die das Thema der Arbeit bildet, an den Anfang zu stellen und dann erst die Ausgangssituation zu beschreiben. Denn wird das Thema der Arbeit zuerst genannt, kann die folgende Beschreibung der Problemstellung leichter interpretiert werden. Nimmt man eine solche Umstellung vor, müsste der Text allerdings sprachlich leicht angepasst werden.

Beispiel 36: Umformulierung von Beispiel 35:

[Thema der Arbeit] In dieser Forschungsarbeit soll eine Ordnungslehre geschaffen werden, die die in der Literatur beschriebenen Typ 2-Modelle systematisch nutzbar macht. Dies ist insofern von Bedeutung, als die vorhandenen Typ 2-Modelle nicht systematisch zugreifbar sind, wodurch die Problematik entsteht, dass diese Modelle bei der Gestaltung betrieblicher Informationssysteme gar nicht oder nur eingeschränkt genutzt sowie weiterentwickelt werden können.

[Darauf folgen die Darstellung der Ausgangssituation und die Beschreibung der Problemstellung wie oben.]

Mit der Einleitung („Thema der Arbeit“) oder der Beschreibung der Problemstellung haben Sie die erste wichtige Funktion Ihres Exposés erfüllt, nämlich klar herauszustellen, was das Thema Ihrer Arbeit ist, auf das Sie in allen weiteren Abschnitten Ihres Exposés immer wieder Bezug nehmen werden.

2.4 Der aktuelle Forschungsstand

Mit dem Erfassen des aktuellen Forschungsstandes zu Ihrem Thema beginnen Sie, sich mit dem wissenschaftlichen Umfeld, in dem Ihre Arbeit angesiedelt ist, vertraut zu machen und sich in der Thematik zu Hause zu fühlen. Zudem erleichtern Sie sich die spätere Arbeit dadurch, dass Sie jetzt schon erfassen, was bisher zu dem von Ihnen gewählten Thema bearbeitet wurde. Denn das Rad muss nicht immer wieder gänzlich neu erfunden werden. Manchmal reicht es auch, es mit ein paar kleinen Änderungen zu verbessern.

Insbesondere die folgenden drei Fragen müssen eingangs geklärt werden:

- Ist das Forschungsthema oder sind Teile davon bereits früher wissenschaftlich untersucht worden?
- Lässt sich das Thema überhaupt wissenschaftlich mit vernünftigem Aufwand (zeitlich und finanziell im Rahmen Ihrer Forschungsarbeit) bearbeiten?
- Was sind die wichtigsten Positionen, die die Wissenschaft zu Ihrem Thema einnimmt?

In den verschiedenen Instituten gibt es Verzeichnisse mit abgeschlossenen und in Arbeit befindlichen Dissertationen, anhand derer Sie versuchen können herauszufinden, ob Ihr Thema schon einmal bearbeitet wurde. Obwohl die erneute Bearbeitung desselben Themas nicht sinnvoll und bei Anwendung der gleichen Vorgehensweise außerdem für eine Qualifikationsarbeit nicht erlaubt ist, kann ein bereits untersuchtes Forschungsthema durchaus neue, wissenschaftlich relevante Aspekte bieten: Wenn Sie eine neue, innovative Methode anwenden, die bisher noch nicht eingesetzt wurde, wenn Sie das Thema unter heutigem Blickwinkel oder auf der Basis neuen Datenmaterials nochmals betrachten, kann sich auch eine weitere Analyse lohnen, die Sie allerdings begründen müssen.

Den Forschungsstand bearbeiten heißt in erster Linie, Literaturrecherche und -analyse zu betreiben. Die Recherche beginnt mit der Lektüre von Lexika, Handbüchern und Monografien und geht über Aufsätze und deren Literaturverzeichnisse schließlich zum systematischen

Bibliografieren in Bibliotheken und Datenbanken über. Natürlich ist der Umfang einer Literaturanalyse dem geplanten Projektvolumen anzupassen.

Keine wissenschaftliche Arbeit entsteht in einem Vakuum. Mit Ihrer Forschung stehen Sie in einer bestimmten wissenschaftlichen Tradition. Durch die Wahl Ihres Themas richten Sie innerhalb dieser Tradition den Fokus auf einen ganz bestimmten Bereich, der bereits mehr oder weniger ausführlich erforscht und bearbeitet wurde. Knüpfen Sie an diese bestehende Forschung an, indem Sie kurz beschreiben, was über das von Ihnen untersuchte Phänomen bereits bekannt ist, und auf Theorien, Untersuchungen und Ergebnisse anderer eingehen. Dabei sind Standardwerke, die Ihr Thema betreffen, ebenso wichtig wie möglichst aktuelle Studien aus den wichtigsten Fachzeitschriften Ihrer Disziplin („peer-reviewed journals").

Die Abschlussarbeit muss die gesamte einschlägige Literatur zu dem von Ihnen gewählten Thema umfassend berücksichtigen (d. h. innerhalb der für Ihre Arbeit bereits festgelegten Grenzen). Das erste Exposé Ihres Forschungsprojekts stützt sich dagegen auf die Kernliteratur, die in Ihrer Auswahlbibliografie im Exposé auf ein bis zwei Seiten Platz hat. Diese Auswahl muss die wirklich wichtigen und relevanten Titel enthalten. Diese Einschränkung vorzunehmen ist nicht einfach, aber essenziell. Denn aus dieser ersten Auswahl lässt sich schnell ablesen, ob Sie in der Lage sind, den Fokus auf die wichtigsten Kernfragen zu Ihrem Thema zu legen.

Im Exposé selbst soll der Forschungsstand aber nicht einfach additiv erfasst werden, sondern muss in Bezug zu Ihrem Themenbereich, eventuellen Forschungslücken und den Zielen Ihrer Forschungsarbeit gebracht werden. Der Literaturstand muss also dem ausgewählten Problembereich und den speziellen Forschungszielen angepasst werden, und er muss zu den eigentlichen Hauptfragestellungen der geplanten Arbeit hinführen. Das verlangt eine Ordnung des Literaturstandes nach den wichtigen Positionen, die auch später in den Fragestellungen wieder auftauchen.

Um den aktuellen Forschungsstand in Ihrem Exposé gut zu skizzieren und zu ordnen, können Sie die folgenden textstrukturierenden Mittel anwenden. Dabei lassen sich alle miteinander kombinieren oder auch nur einige davon auswählen (je nachdem, was Ihnen für Ihr Thema am passendsten erscheint):

- Ordnen Sie den aktuellen Forschungsstand nach den wichtigsten Positionen oder Teilaspekten Ihres Themas.
- Behandeln Sie zuerst generelle und dann spezifische Punkte.
- Gehen Sie chronologisch vor. Behandeln Sie zuerst die älteren und dann die jüngeren Werke und Studien.
- Sollten Sie inter- oder transdisziplinär arbeiten, strukturieren Sie den Forschungsstand nach den verschiedenen Disziplinen. (Dieses Prinzip lässt sich ebenso auf Schulen oder Denkrichtungen innerhalb einer Disziplin anwenden.)

Wenn Sie den aktuellen Forschungsstand skizzieren und einzelne Werke, Studien oder Autorinnen und Autoren nennen, sollten Sie diese nicht einfach nur auflisten, sondern immer auch kurz beschreiben, inwiefern die genannte Literatur für Ihr Thema relevant ist.

Das folgende Beispiel ist ein Auszug aus dem Exposé mit dem Titel „Methoden der Relevanzmarkierung im Rahmen der kommunikativen Darstellung von Angst" von Marlene Sator, das im Fachbereich Sprachwissenschaft verfasst wurde. Diese interdisziplinäre Forschungsarbeit bewegt sich zwischen dem Bereich der Angewandten Sprachwissenschaft und der Medizinkommunikation. Der Text wurde aus didaktischen Gründen leicht adaptiert.

Beispiel 37: Der aktuelle Forschungsstand

In der linguistischen Forschung – erstaunlicherweise auch in der Gesprächsforschung – spielen Emotionen allgemein, und damit auch Angst, eine eher untergeordnete Rolle. Erst in den letzten Jahren lässt sich eine verstärkte Auseinandersetzung mit diesem Thema beobachten. Interessierte man sich in traditionellen Grammatiken für Emotionen und Affekte in erster Linie im Rahmen der Erklärung bestimmter Phänomene der gesprochenen Sprache (wie z. B. Interjektionen), so wurden sie in stärker kommunikationsorientierten Ansätzen zunächst im Rahmen der linguistischen Erzählforschung behandelt. Neuere Arbeiten gehen z. B. davon aus, dass beim Erzählen vergangene Emotionen re-inszeniert bzw. aktualisiert werden (z. B. Lucius-Hoene / Deppermann 2002, Günthner 2000).

Im Kontext der linguistischen Pragmatik (vgl. Fries 1995, 2000) sowie der linguistischen Gesprächsforschung gerät das lange ausgeklammerte Gebiet der Emotionen und Affekte in Sprache und Kommunikation v. a. in den letzten beiden Jahrzehnten verstärkt ins wissenschaftliche Blickfeld: Grundlegende Arbeiten hierzu lieferten u. a. Fiehler (1990, vgl. auch 2001) und Drescher (2003). Fiehler betrachtet Emotionen als „öffentliche Phänomene in sozialen Situationen interpersoneller Interaktion" (2001: 1427) und interessiert sich für die drei Kommunikationsaufgaben der Manifestation (Ausdruck und Thematisierung), der Deutung sowie der Prozessierung von Erleben und Emotionen im Gespräch (ebd.: 1429ff). Drescher untersucht sprachliche Affektivität anhand von Gesprächen aus dem Französischen und konzentriert sich dabei auf den „Verfahrenscharakter" der „Darstellung emotionaler Beteiligung" (2003).

Die kommunikative Darstellung der Emotion Angst im Speziellen erweckt nun erst in jüngster Zeit verstärktes Interesse: Dass Angst im Zusammenhang von anfallsartigen Erkrankungen häufig eine entscheidende Rolle spielt, ist eine Beobachtung, die das im Schnittpunkt zwischen Konversationsanalyse und Epileptologie angesiedelte Projekt „Linguistische Differenzialtypologie epileptischer und anderer anfallsartiger Störungen – diagnostische und therapeutische Aspekte" hervorbrachte (siehe Gülich / Furchner 2002; Gülich 2005b). In diesem Projekt konnten aus Gesprächen mit anfallskranken PatientInnen Formulierungsmuster, die typischerweise mit bestimmten Formen von Anfallskrankheiten (fokale Epilepsien vs. dissoziative Anfallserkrankungen) einhergehen, herausgearbeitet werden und somit konversationsgebundene Unterscheidungsmerkmale zwischen den verschiedenen PatientInnengruppen ermittelt werden. Im Rahmen des zitierten Projekts wurden auch erste Vorschläge zur Differenzierbarkeit der Bedeutung, die Angst im Kontext von anfallsartigen Erkrankungen spielt, sowie zur Unterscheidung verschiedener Arten der diskursiven Darstellung von Angst erarbeitet, an die das geplante Forschungsprojekt anknüpft.

In diesem Beispiel werden die oben genannten textstrukturierenden Elemente angewandt, um den Forschungsstand zu skizzieren. Zuerst wird der Forschungsstand nach verschiedenen Aspekten der Emotionsforschung und der kommunikativen Darstellung der Emotion Angst im Speziellen gegliedert. Zu Beginn werden allgemeinere und ältere Werke aus verschiedenen Bereichen der Linguistik vorgestellt, die sich mit diesem Themenfeld befassen. Dann wird auf jüngere Studien zur Emotions- und Affektforschung eingegangen. Abschließend wird ein Forschungsprojekt vorgestellt, das dem gewählten Themenbereich der Dissertantin am nächsten kommt.

Der folgende Textauszug stammt aus dem Exposé mit dem Titel „Qualität im Online-Journalismus. Identifizierung und Analyse journalistischer Online-Angebote in Österreich", das im Fachbereich Publizistik- und Kommunikationswissenschaft verfasst wurde. In diesem Beispiel wird der aktuelle Forschungsstand nach drei thematischen Schwerpunkten gegliedert. Dabei wird zuerst auf allgemeine Aspekte der Qualitätsforschung in den Kommunikationswissenschaften und im Online-Journalismus eingegangen und dann auf spezifische Methoden zur Messung von Qualität im Online-Journalismus, die exemplarisch anhand aktueller Studien besprochen werden.

Beispiel 38: Der aktuelle Forschungsstand

Qualitätsdiskurs

Die bereits seit Jahrzehnten geführte kommunikationswissenschaftliche Diskussion über Qualität im Journalismus soll und kann an dieser Stelle nur in aller Kürze rekapituliert werden. Schon seit den neunziger Jahren befassen sich zahlreiche Autoren mit verschiedenen Instrumenten zur Messung von Medienleistungen (vgl. Arnold 2009:80; Bucher 2003). Qualität und Qualitätssicherung im Journalismus werden dabei auf unterschiedlichen Ebenen reflektiert – etwa bezogen auf gesellschaftliche Bedingungen journalistischer Leistungen, das Publikum, Mediensysteme, Institutionen und Unternehmen sowie die journalistischen Akteure selbst (vgl. Fabris 2004:394). Nach Arnold dominieren in der wissenschaftlichen Auseinandersetzung drei unterschiedliche Herangehensweisen: Qualität wird allen voran aus einer funktional-analytischen, einer normativ-demokratietheoretischen und einer publikumsorientierten Perspektive erfasst (vgl. Arnold 2009:86–130; 2008 und genauer auch Abschnitt 3).

Qualitätsforschung im Online-Journalismus

Während sich die Online-Forschung in den letzten Jahren vor allem auf die Nutzer (vgl. Quandt 2005b:167) und später auf die Journalisten selbst konzentrierte, ist über journalistische Inhalte und Leistungen im Netz noch vergleichsweise wenig bekannt (vgl. Quandt 2008:132). Dieses Defizit spiegelt sich auch in der Qualitätsforschung wider: Die Qualität journalistischer Angebote im Internet war in den letzten Jahren erst vereinzelt Gegenstand kommunikationswissenschaftlicher Arbeiten und Analysen (vgl. etwa Dahinden / Kaminski / Niederreuther 2004:103).

Grundsätzliche Überlegungen zur Thematik stellten vor allem Christoph Neuberger (2004), Klaus Meier (2003) und Hans-Jürgen Bucher (2000) an. Auf der Basis spezifischer Eigenschaften des Internets diskutierten sie unterschiedliche Qualitätskriterien für den Online-Journalismus (vgl. auch Arnold 2009:113). Neuberger beobachtet im Online-Journalismus beispielsweise einen an die Besonderheiten des Internets angepassten „Normentransfer" (Neuberger 2004:45) aus den traditionellen Massenmedien. In seiner noch vorläufigen Aufgliederung unterscheidet er vier zentrale Problem- und Normierungsbereiche, die er aus (fach-) öffentlich diskutierten Problempunkten abgeleitet hat: Sorgfaltspflicht, Unabhängigkeit der journalistischen Berichterstattung, Beziehungen zwischen Redaktion und Online-Nutzern sowie Regeln der Transparenz. Noch sehr viel stärker widmet sich Meier (2003) den internetspezifischen Kriterien. Meier geht bei seiner Analyse explorativ vor und diskutiert die einzelnen Kriterien anhand von Beispielen (vgl. ebd., 249). Auch Hans-Jürgen Bucher (2000) befasst sich bereits einige Jahre zuvor mit internetspezifischen Qualitätskriterien und entsprechenden Beurteilungsverfahren. Aus Rezipientensicht beschreibt Bucher verschiedene onlinetypische Kommunikationsprobleme, etwa in Bezug auf die Orientierung und Navigation (vgl. Bucher 2000:162). Die Qualität eines Online-Angebots zeige sich dadurch, inwieweit ein Beitrag zur Lösung jener Probleme geleistet werde (vgl. ebd., 162–170).

Inhaltsanalytische Messungen

Bei empirischen Methoden zur Messung von Qualität lässt sich im Kern zwischen Produktevaluationen (Inhaltsanalysen) und der Evaluation von journalistischen Einstellungen und journalistischem Handeln unterscheiden (vgl. Neuberger 2004:34). Durch Befragungen und Beobachtungen lässt letztere allerdings keinen direkten Schluss auf die Inhalte journalistischer Online-Angebote zu (vgl. ebd.). Inhaltsanalytisch haben sich erst wenige Autoren in den letzten Jahren mit journalistischen Angeboten im Internet auseinandergesetzt. Annette Brandl (2004) beschäftigte sich mit den Eigenschaften der Unternehmensberichterstattung in Online- und Printmedien. Brandl untersuchte über den Zeitraum einer Woche insgesamt vier deutsche Tageszeitungen und deren Online-Ableger. In die Analyse wurden 1281 Artikel einbezogen, die jeweils ein konkretes Unternehmen in der Überschrift erwähnten (vgl. ebd., 235 f.). Neben diversen Ergebnissen zur Struktur (Themen, Stilform, Umfang etc.) behandelte die Studie auch vereinzelt Aspekte der journalistischen Qualität. So wurde beispielsweise der Umgang mit Quellenangaben und Aspekte der Vielfalt untersucht (vgl. ebd., 243–255).

Thorsten Quandt (2008) untersuchte im Februar 2005 die Online-Angebote führender deutscher „Mainstream-Online-Nachrichtenmedien" und stellte einen inhaltsanalytischen Vergleich mit zwei Printzeitungen an (vgl. ebd., 134 ff.). Anders als bei Brandl waren in der Stichprobe neben drei Online-Ablegern deutscher Tageszeitungen auch ein Nur-Online-Angebot sowie ein User-generated-Content-Angebot enthalten. Als Printkorrelate dienten die Frankfurter Allgemeine Zeitung und die Süddeutsche Zeitung (genauer vgl. ebd., 136 ff.). Aufgrund der Datenmenge wurde in die Erhebung, die sich über einen ganzen Monat zog, nur ein Teil der Inhalte einbezogen. Quandt beschränkte sich auf die „Hauptartikel", wie er diejenigen Beiträge bezeichnete, „die auf der Frontseite des Online-Angebots bzw. der Zeitung abgedruckt oder zumindest angeteased waren" (ebd., 138). Insgesamt wurden so 2684 Artikel in die Analyse einbezogen. Zwar wurden dabei Qualitätskriterien nur am Rande thematisiert und erhoben – Quandt ging es vorrangig um die formale Struktur, die Themenwahl und Berichterstattungstendenzen – allerdings bietet der Aufbau der Studie interessante Anknüpfungspunkte für das geplante Forschungsvorhaben.

Besonders interessant erscheint in diesem Zusammenhang auch die Arbeit von Dahinden, Kaminski und Niederreuther (2004). Vor dem

Hintergrund des Uses-and-Gratifications-Ansatzes befassten sich die Autoren mit der subjektiven Qualitätsbewertung von Internetnutzern. Neben der Rezipientenperspektive haben sich Dahinden et al. aber auch mit den Inhalten von Online-Mainstream-Angeboten in der Schweiz befasst. Anders als bei Quandt (2008) und Brandl (2004) war die Analyse sehr viel stärker auf Aspekte der journalistischen Qualität ausgerichtet. Jene wurden dabei nicht eigens theoretisch abgeleitet, sondern aus bereits bestehenden Kriterienkatalogen entnommen (vgl. Dahinden / Kaminski / Niederreuther 2004:110 f.). Bei der Analyse der fünf Online-Angebote wurden je 20 Artikel kodiert und 84 Variablen erhoben (vgl. ebd., 112). Die parallel durchgeführte Nutzerbefragung zeigte dabei, dass traditionellen journalistischen Qualitätskriterien aus Rezipientensicht eine weitaus größere Bedeutung beigemessen wurde als internetspezifischen Aspekten wie etwa der Multimedialität. Beim Vergleich zwischen der subjektiven Bewertung und den Ergebnissen der Inhaltsanalyse zeigten sich so auch deutliche Unterschiede: Der Online-Ableger der Neuen Zürcher Zeitung nzz.ch belegte beispielsweise bei der Inhaltsanalyse den letzten Platz, wurde allerdings von den befragten Studierenden als qualitativ hochwertigstes Angebot bewertet.

Bei dieser längeren Darstellung des Forschungsstandes macht es durchaus Sinn, den Text durch Zwischenüberschriften zu unterteilen, damit der Überblick für die Leserinnen und Leser bewahrt werden kann. Die einzelnen Studien werden sehr ausführlich beschrieben, wobei nicht immer deutlich wird, welche ihrer Aspekte für das eigene Forschungsprojekt relevant sind. Diese Aspekte könnten eventuell noch deutlicher herausgearbeitet werden.

2.5 Identifizierung einer Forschungslücke

Aus der Darstellung des aktuellen Forschungsstands ergibt sich in logischer Konsequenz das Forschungsdesiderat oder die Forschungslücke. Ist dies nicht der Fall, sollten Sie Ihre Darstellung unbedingt dahingehend überarbeiten. Die folgende Liste soll Ihnen einen Eindruck davon vermitteln, was als Forschungslücke bezeichnet werden kann:

- Ein wissenschaftlicher Bereich, eine Theorie, eine Methode, die Sie weiterentwickeln, adaptieren oder neu entwickeln möchten.
- Datenmaterial, das noch nie erhoben, entdeckt, bearbeitet, analysiert oder interpretiert wurde.
- Ein wissenschaftlicher Bereich, eine Theorie, eine Methode oder Datenmaterial, das Sie unter dem heutigen kulturellen oder situationsbezogenen Kontext in einem neuen Licht betrachten möchten, weil sich z. B. bestimmte Voraussetzungen oder Gegebenheiten verändert haben.
- Eine Frage, die in Ihrer Forschungsgemeinschaft bisher vernachlässigt wurde.
- Eine Forschungsposition, die Sie widerlegen oder gegen die Sie mit Ihrer Arbeit anschreiben möchten.

Forschungslücken können unterschiedlich „groß" sein. Achten Sie daher darauf, dass Sie sich nicht zu viel für Ihre Arbeit vornehmen. Die Entwicklung einer neuen Theorie wird sich vermutlich über mehrere Jahre erstrecken. Die Entwicklung einer neuen Methode oder eine theoretische Weiterentwicklung einiger klar definierter Einzelbereiche mag dagegen im Rahmen einer Dissertation realistisch in Angriff genommen werden. Wenn Sie daher das Forschungsdesiderat oder die Forschungslücke im Exposé skizzieren, muss Ihnen bewusst sein, dass Sie in Ihrer darauf folgenden Zielbeschreibung klar definieren sollten, welche Teile dieser Lücke Sie mit Ihrer Arbeit schließen werden.

Das Identifizieren eines Forschungsdesiderats gibt Ihrer Arbeit wissenschaftliche Relevanz. Durch sein Schließen leisten Sie einen Beitrag zum Wissensstand Ihrer Forschungsgemeinschaft. Nicht alle Forschungsarbeiten verlangen das Identifizieren und Schließen einer Lücke. Erst mit der Dissertation (und darüber hinaus) müssen Sie einen neuen relevanten Beitrag zu Ihrer Disziplin leisten. Eine Diplomarbeit bzw. Masterarbeit verlangt Ihnen diese innovative Forschungsleistung noch nicht ab.

So können Sie Ihren Text aufbauen, um die Forschungslücke gut darzustellen:

- Benennen Sie die Forschungslücke klar und deutlich.
- Lokalisieren Sie diese in der bestehenden Forschungslandschaft. Was ist bereits geschehen, um diese Lücke zu schließen, was fehlt noch? (Dies kann schon bei der Darstellung des aktuellen Forschungsstandes geschehen sein.)
- Nehmen Sie eventuelle Einwände vorweg, die sich gegen Ihre Argumentation, dass hier eine Lücke besteht, richten könnten.

Das folgende Beispiel zeigt einen weiteren Auszug aus dem Exposé mit dem Titel „Methoden der Relevanzmarkierung im Rahmen der kommunikativen Darstellung von Angst" von Marlene Sator.

Beispiel 39: Identifizierung der Forschungslücke

Bei näherer Betrachtung stellt sich die Emotion Angst als sehr differenziertes subjektives Erleben dar: Während fast jede/r alltägliche Ängste kennt, die unser Leben begleiten, spielt Angst auch im Rahmen vieler Erkrankungen eine wichtige Rolle und nimmt oftmals derartige Ausmaße an, dass sie den Charakter einer eigenständigen Störung bekommt. Die in letzter Zeit drastisch ansteigende Zahl solcher Angsterkrankungen, die jedoch oftmals auf eine mangelhafte Diagnostik und inadäquate Therapie stoßen, hat ein vermehrtes wissenschaftliches und populärwissenschaftliches Interesse an Angst ausgelöst. Dabei richtet sich die Aufmerksamkeit bisher jedoch kaum auf das subjektive Erleben von Angst-PatientInnen, welches nun aber gerade entscheidende Hinweise auf die Rolle, die die Angst im Rahmen der jeweiligen Erkrankung spielt, geben könnte. Zugang zu dieser subjektiven Erlebensperspektive können nämlich objektiv messbare Parameter, wie sie z. B. im Bereich der Neurowissenschaften untersucht werden, – per definitionem – nicht gewähren. Subjektives Erleben wird Anderen nur als dargestelltes subjektives Erleben durch kommunikative Vermittlungsprozesse (z. B. in Form von künstlerischen Ausdrucksformen oder interaktiven Ausdrucksformen im Rahmen eines Gesprächs) zugänglich. Die wissenschaftliche Analyse der kommunikativen Darstellung von Angst in Gesprächen scheint also ein entscheidender Schlüssel zu bisher kaum berücksichtigten und doch so zentralen Aspekten von Angst zu sein und stellt damit letztlich in Aussicht, einen wesentlichen Beitrag zu einer Verbesserung von Diagnostik und Therapie von Angsterkrankungen zu leisten. Besonders aufschlussreich erscheint es dabei, zu untersuchen, welche Aspekte die PatientInnen selbst in den Gesprächen als besonders wichtig darstellen, und so einen Zugang zu den subjektiven Relevanzsetzungen der PatientInnen zu gewinnen.

In diesem Beispiel wird zuerst das Thema „Angst" und dessen Bearbeitung in der Forschungslandschaft lokalisiert. Anschließend wird klar die Forschungslücke skizziert, die aufzeigt, dass es bisher kaum Untersuchungen gibt, die sich auf das subjektive Erleben von Angst-PatientInnen konzentrieren. Daraufhin wird die Wichtigkeit einer solchen Analyse betont, die mit Hilfe sprachwissenschaftlicher Methoden gewährleistet werden kann.

Das folgende Beispiel 40 zeigt einen weiteren Auszug aus dem Dissertationsexposé mit dem Titel „The Delicate Place. Das Motiv des Fensters als Öffnung ins Innere in Romanen und Erzählungen seit 1945" von Gianna Zocco. Das Textbeispiel, das die Skizze der Forschungslücke des genannten Exposés enthält, wurde von uns aus didaktischen Gründen leicht adaptiert.

Beispiel 40: Identifizieren der Forschungslücke

Die bisherigen literaturwissenschaftlichen Arbeiten zum Motiv des Fensters verbindet die Ausrichtung und Beschränkung einerseits auf von der Literaturwissenschaft kanonisierte und andererseits auf vor 1945 geschriebene Texte. Auf Werke neueren Datums wird höchstens im jeweiligen Schlusskapitel eingegangen, jedoch gibt es keine Arbeit, die der Gegenwart den Raum zukommen lässt, der für eine Berücksichtigung der vielfältigen, aktuellen Verwendungen des Fenstermotivs notwendig ist. Zudem vermeiden die vorliegenden Arbeiten die Selbstcharakterisierung als thematologische oder motivgeschichtliche Studie oder distanzieren sich bewusst davon. Entsprechend lassen sie sich trotz des teilweise neueren Datums der von Werner Sollors (1993) als „undeclared thematology" beschriebenen Linie literaturwissenschaftlicher Forschungen zuordnen. Das Potential einer Studie zum Motiv des Fensters, die sich mit den aktuellen Überlegungen aus der Thematologie auseinandersetzt, ist bisher nicht erkannt bzw. genutzt worden.

In diesem Beispiel wird die Lokalisierung in der Forschungslandschaft unter Angabe dessen, was bereits geschehen ist und was noch fehlt, eng mit der Benennung der Forschungslücke im Text verwoben. Dabei wird im Hinblick auf das Desiderat einerseits auf die fehlende Aktualität von Studien zum Fenstermotiv und andererseits auf fehlende thematologische Untersuchungen zu diesem Motiv hingewiesen.

Das folgende Beispiel 41 zur Identifizierung der Forschungslücke stammt aus dem Exposé mit dem Titel „Möglichkeiten und Grenzen der Beteiligung Privater an Aufgaben der allgemeinen Sicherheitspolizei" von Udo Lett[17], das im Fachbereich Rechtwissenschaften verfasst und von uns aus didaktischen Gründen leicht adaptiert wurde. Die Überschriften in eckigen Klammern wurden von uns hinzugefügt.

Beispiel 41: Identifizierung der Forschungslücke

[Identifizierung der Forschungslücke] Anknüpfend an die obigen Bemerkungen ergibt sich für zukünftige Entstaatlichungsmaßnahmen die wissenschaftliche Forschungslücke einerseits aus der Notwendigkeit einer geordneten und systematischen Darstellung bisheriger Ergebnisse aus Judikatur, Literatur und der Verfassungs- und Verwaltungsreform im Rahmen des Österreich-Konvents, um durch diese Konsolidierung des bisher jeweils nur bruchstückhaft gebliebenen Fundaments eine Basis für die weitergehende wissenschaftliche Betrachtung zu schaffen. Auf dieser kann schließlich andererseits die bislang ebenfalls noch nicht näher ausgearbeitete Relevanz der Grundrechte auf die Zulässigkeit von Beteiligung an staatlichen Aufgaben herausgearbeitet werden. Dies soll entsprechend dem Titel der projektierten Arbeit am Beispiel der sicherheitspolizeilichen Aufgaben gemäß dem 2. Teil des SPG und der von diesen im speziellen betroffenen Grundrechte erfolgen.

---

17 Udo Lett. Exposé „Möglichkeiten und Grenzen der Beteiligung Privater an Aufgaben der allgemeinen Sicherheitspolizei", Wien 2010. Online: http://juridicum.univie.ac.at/index.php?eID=tx_nawsecuredl&u=0&file=fileadmin/Formulare/expose/Lett_Udo_9503554_expose.pdf&t=1334227961&hash=664d80d061074df7606b1c423fa7d017, Seite besucht am 11.04.2012.

[Begründung der Relevanz der Arbeit] Für eine exemplarische Darstellung des grundrechtliche Einflusses auf die Entstaatlichungsproblematik eignen sich – abgesehen von der tagespolitischen Aktualität – die sicherheitspolizeilichen Aufgaben meines Erachtens deshalb besonders gut, da sich diese und die zur ihrer Erfüllung vorgenommenen Handlungen in sogenannte „eingriffsferne" (z. B. reiner Streifen- und Überwachungsdienst, Einholen von Auskünften sowie bloße Befragungen) und „eingriffsnahe" (z. B. Beendigung gefährlicher Angriffe sowie Schutzmaßnahmen, die in das Privat-, Familienleben und in das Hausrecht eingreifen) gliedern lassen. Für die beabsichtigte Untersuchung bietet sich daher in diesem Bereich staatlicher Tätigkeit ein denkbar breites Spektrum. Die daraus gewonnenen Erkenntnisse können sich auch für Ausgliederungs- bzw. Privatisierungsmaßnahmen in anderen Bereichen als Erkenntnis fördernd erweisen.

In diesem Beispiel wird die Darstellung der Forschungslücke, die allerdings sehr allgemein bleibt, mit einer Begründung für die Relevanz der Arbeit im zweiten Absatz kombiniert. Eine Kombination dieser beiden Funktionen „Identifizierung der Forschungslücke" und „Begründung der Relevanz der Arbeit" kann sinnvoll sein, da sich die Relevanz Ihrer Forschungsarbeit logisch aus dem Schließen der Forschungslücke ergibt.

2.6 Das Forschungsziel

Mit dem Ziel Ihrer Arbeit benennen Sie klar, was Sie mit Ihrem Forschungsprojekt erreichen möchten. Dieser Abschnitt ist der Kern des gesamten Exposés. Es entwickelt sich logisch aus der Forschungslücke und führt hin zur konkreten Formulierung Ihrer Fragestellung(en) und / oder Hypothese(n) und zur Begründung der Relevanz Ihrer Arbeit.

Die zuvor von Ihnen identifizierte Forschungslücke kann größer sein als der Bereich, den Sie im Rahmen Ihres Forschungsprojekts bearbeiten können und möchten. Sie müssen entsprechend bei der Zieldefinition deutlich machen, welche Bereiche Sie abdecken werden und welche nicht. Da viele Wissenschaftlerinnen und Wissenschaftler beim Verfassen ihres Exposés meist das Gefühl haben, ständig über das Ziel ihrer Arbeit zu schreiben, wird oftmals verabsäumt, seiner Darstellung einen eigenen Raum zu geben. Um zu vermeiden, dass Ihr Forschungsziel nur implizit aus Ihrem Exposé herauszulesen ist, geben Sie seiner Beschreibung am besten einen eigenen Absatz oder stellen es unter eine eigene Überschrift.

Wenn Sie Ihr Forschungsziel formulieren, sollten Sie sich außerdem überlegen, ob Sie mit Ihrem Projekt tatsächlich nur ein einziges Ziel verfolgen. Haben Sie mehrere Teilziele oder Unterziele, so sollten Sie diese im Text gut strukturiert darstellen. Dafür gibt es drei Möglichkeiten:

- Sie haben zwei oder mehrere Teilziele, die gleichwertig nebeneinander stehen. (Ziel = Teilziel 1 + Teilziel 2)
- Sie haben ein Hauptziel, das sich in mehrere Unterziele gliedern lässt. (Ziel = Unterziel a + Unterziel b + Unterziel c)
- Sie haben eine Kombination aus den beiden oben genannten Varianten. [Ziel = Teilziel 1 + (Teilziel 2 = Unterteilziel 2a + Unterteilziel 2b + Unterteilziel 2c)]

Dazu ein Beispiel aus der Praxis:
Angenommen, Sie schreiben eine bildungswissenschaftliche Arbeit und möchten eine bestehende Bildungstheorie in einem Einzelaspekt theoretisch ergänzen und die Untersuchungsmethode zur Durchführung bildungswissenschaftlicher Forschung dahingehend ausbauen. Gleichzeitig wollen Sie die von Ihnen gewählte Theorie und Methode in einer empirischen Untersuchung anwenden und aus den Ergebnissen Rückschlüsse auf Ihre theoretischen und methodischen Ergänzungen ziehen. Sollte sich Ihre Situation wie eben beschrieben darstellen, dann verfolgen Sie ein theoretisches Teilziel mit den Unterzielen „Theorie ergänzen“ und „Methode ausbauen“ und ein zweites Teilziel, das die Anwendung Ihrer Ergänzungen auf eine empirische Untersuchung und deren Überprüfung betrifft. Diese Ziele ließen sich dann folgendermaßen gliedern und darstellen.

Ziel der Arbeit:
1. Weiterentwicklung von Theorie und Methode
   1a) Theorie in einem Aspekt ergänzen
   1b) Untersuchungsmethode ausbauen
2. Anwendung der Ergänzungen auf eine empirische Untersuchung und Überprüfung der Ergänzungen anhand der Ergebnisse der Studie

Das folgende Beispiel ist ein weiterer Auszug aus dem Exposé mit dem Titel „Methoden der Relevanzmarkierung im Rahmen der kommunikativen Darstellung von Angst“ von Marlene Sator. Dieser Textausschnitt enthält die Zielformulierung der geplanten Arbeit.

Beispiel 42: Ziel der Arbeit

In Hinblick auf die dargestellte Problematik lässt sich die Zielsetzung der hier zu skizzierenden Arbeit in Form von zwei größeren Teilzielen formulieren.

Zum einen soll in der Arbeit ein differenziertes Modell zur Beschreibung und Analyse von interaktiven Methoden der Relevanzmarkierung in institutionellen ärztlichen Gesprächen erarbeitet werden. Dazu soll ein im Rahmen meiner Diplomarbeit entwickelter Ansatz zur Beschreibung von Relevanzmarkierungen im ÄrztInnen-PatientInnen-Gespräch weiter ausgearbeitet und ausdifferenziert werden. Dieses erste Teilziel ist zunächst im Bereich der linguistischen Grundlagenforschung zu verorten, leistet aber auch einen Beitrag für den anwendungsbezogenen Forschungsbereich der medizinisch-therapeutischen Kommunikation.

Zum anderen setzt sich das hier dargestellte Projekt zum Ziel, anhand der linguistischen Kategorie der „Relevanzmarkierung“ die kommunikative Darstellung von Angst in Gesprächen zwischen ÄrztInnen und Angst- und / oder AnfallspatientInnen zu analysieren und damit die Rolle von Angst bei den genannten PatientInnengruppen auszuloten. Mit diesem zweiten Teilziel schließt das Projekt unmittelbar an die Arbeit der ZiF-Kooperationsgruppe „Kommunikative Darstellung und klinische Repräsentation von Angst – Exemplarische Untersuchungen zur Bedeutung von Affekten bei Patienten mit Anfallskrankheiten und / oder Angsterkrankungen“ an.

In Beispiel 42 wird das Forschungsziel in zwei Teilziele untergliedert, die gleichwertig nebeneinanderstehen. Als textstrukturierende Maßnahme gibt die Autorin zu Beginn des Abschnittes den Leserinnen und Lesern die Information, dass sie mit ihrer Arbeit zwei Teilziele verfolgt. Diese Art der Ankündigung dient der Orientierung der Leserschaft und erhöht damit die Verständlichkeit des Textes. Das erste Teilziel verfolgt die Entwicklung eines Modells für die empirische Untersuchung und das zweite Teilziel enthält die empirische Untersuchung anhand von Gesprächen zwischen den beteiligten Personengruppen. Im weiteren Textverlauf wird jedes Teilziel in einem eigenen Absatz beschrieben. Die Autorin bedient sich also auch des Layouts (in diesem konkreten Fall einer klug gewählten Absatzstruktur), damit der Text übersichtlich und damit leicht zu lesen wird.

Das folgende Beispiel 43 zeigt einen weiteren Auszug aus dem Dissertationsexposé mit dem Titel „The Delicate Place. Das Motiv des Fensters als Öffnung ins Innere in Romanen und Erzählungen seit 1945" von Gianna Zocco. Der Auszug, der die Zielformulierung und die Begründung der Relevanz der Arbeit enthält, wurde leicht verändert. Die Überschriften wurden hinzugefügt und dienen ausschließlich dazu, die Struktur des Textes sichtbar zu machen.

Beispiel 43: Ziel der Arbeit

[Ziel der Arbeit] Das Ziel der Dissertation ist es, in thematisch geordneten Analysen Grundkonstellationen der Einblicke in Fenster herauszuarbeiten und auf erzähltheoretische, kultur- und sozialwissenschaftliche sowie philosophische Fragestellungen zu beziehen. Es soll untersucht werden, inwiefern das konkrete Motiv des Fensterblicks typischerweise mit bestimmten abstrakten Fragestellungen oder literarischen Genres und Erzähltechniken verbunden wird und inwiefern diese Befunde allgemeine Aussagen über Wahrnehmungskonstellationen und Raumverhältnisse der Gegenwart erlauben.

[Begründung der Relevanz der Arbeit] Die zu erwartenden Ergebnisse sind in zweifacher Hinsicht von Relevanz für die Forschungsgemeinschaft: Zum einen stellen sie durch ihre Gegenwartsbezogenheit und die

Ausrichtung auch auf Texte der unterhaltenden Literatur einen dringend nötigen Beitrag zur literaturwissenschaftlichen Fensterforschung dar und arbeiten die Grundlagen heraus, die es möglich machen, diese in größere literatur- und kulturwissenschaftliche Zusammenhänge einzubetten. Die bereits vorliegenden Arbeiten aus der Fensterforschung sollen dabei als Anregung und Referenzpunkt genutzt werden, um beispielsweise die Besonderheiten gegenwärtiger Texte gegenüber älteren herauszuarbeiten. Zum anderen liegt die Relevanz der Dissertation in ihrer Bedeutung als exemplarische Untersuchung, die die neuen Entwicklungen in der Thematologie in einer Motivstudie anwendet und erprobt. Dieser Funktion soll durch einen ausführlichen Theorieteil, in dem die Entwicklungen in der Thematologie dargestellt und diskutiert werden, und eine daran orientierte Gliederung der Arbeit Rechnung getragen werden.

In diesem Beispiel wird das Forschungsziel mit der Begründung der Relevanz der Arbeit kombiniert. Dies ist insofern sinnvoll, als sich aus dem Forschungsziel logischerweise die Relevanz der Arbeit ergibt. Im vorigen Kapitel, in dem die Darstellung der Forschungslücke besprochen wurde, fand sich ein Textbeispiel, in dem die Relevanz der Arbeit über das Schließen der Forschungslücke begründet wurde. Wie Sie sehen, sind also die beiden Kombinationsvarianten „Darstellung der Forschungslücke“ und „Begründung der Relevanz der Arbeit“ sowie „Forschungsziel“ und „Begründung der Relevanz der Arbeit“ innerhalb eines Absatzes im Exposé möglich und sinnvoll.

2.7 Das Formulieren von Forschungsfragen und Hypothesen

Aus Ihrem Forschungsziel können Sie nun im nächsten Schritt Ihre eigene(n) Fragestellung(en) entwickeln und konkretisieren. Damit kommen Sie zu einem entscheidenden Punkt, denn nun geht es um das Konzipieren des Vorhabens. Konzipieren meint, dass die grundlegenden Konzepte und Begriffe festgelegt sowie Vermutungen über deren Zusammenhang angestellt werden. Es werden Fragen an den Untersuchungsgegenstand formuliert und eventuell auch Hypothesen gebildet, die Annahmen über mögliche Ergebnisse enthalten. Die Formulierung von Fragestellungen meint gleichzeitig die Konzentration auf das Wesentliche – oder: auf das Machbare –, also die Eingrenzung des konkret interessierenden Ausschnitts aus der Forschung, gewählt aus dem umfassenderen Bereich Ihrer Thematik.

Sollten Sie neben Fragestellungen in Ihrer Arbeit auch Forschungshypothesen entwickeln bzw. ableiten, ist es wichtig, Fragestellungen und Hypothesen klar voneinander zu trennen. Fragestellungen sind offen formuliere Fragesätze und müssen beantwortet werden. Hypothesen sind Annahmen in Form von Aussagesätzen, die sich verifizieren oder falsifizieren lassen.

Nicht jede Forschung und Disziplin verlangt eine Überprüfung von Hypothesen. In vielen Disziplinen kann auch nur mit Forschungsfragen gearbeitet werden. In diesen Fächern werden allerdings oft (noch) nicht bewiesene Annahmen als „Hypothesen“ bezeichnet. Dieser Gebrauch des Terminus „Hypothese“ ist aber klar von dem in den experimentellen Wissenschaften zu trennen, in denen man unter einer „Hypothese“ einen operationalisierbaren Aussagesatz versteht, der anhand empirischer Daten nur falsifiziert, nie aber verifiziert werden kann. Zu den Fächern, in denen „Hypothese“ eher im ersten, umgangssprachlichen Sinne gebraucht wird, zählen geisteswissenschaftliche, wirtschaftswissenschaftliche und rechtswissenschaftliche Disziplinen, wohingegen technische, naturwissenschaftliche und sozialwissenschaftliche Fächer häufig mit Hypothesen im letzteren Sinne arbeiten. Ob Ihre Forschungsarbeit nun eine offene Fragestellung oder eine konkrete Hypothesenprüfung verlangt, ergibt sich daher aus der Disziplin, in der Sie arbeiten, und aus dem theoretischen Zugang, mit dem Sie an Ihr Thema herangehen.

Wählen Sie Ihre Fragestellung(en) und Hypothese(n) klug und nehmen Sie sich nicht zu viel vor. Denn Sie müssen alle Fragestellungen oder Hypothesen, die Sie in Ihrem Exposé formulieren, auch mit der jeweils passenden Methode beantworten und überprüfen. Dafür müssen natürlich auch die richtigen Daten und Quellen verfügbar sein. Außerdem soll der Arbeitsaufwand, den Sie für das Beantworten Ihrer Forschungsfragen und das Überprüfen Ihrer Hypothesen veranschlagen, realistisch eingeschätzt sein.

Auf die Richtlinien und Grundlagen zum Formulieren von Hypothesen im experimentalwissenschaftlichen Sinne können wir hier aus

Platzgründen nicht eingehen (siehe dazu weiterführende Literatur: Hussy, Schreier & Echterhoff 2010; Krapp & Nebel 2011; Popper 2002 [1935]). In jedem Fall sollten Sie aber bei der Hypothesenformulierung auf folgende Kriterien achten:

- Ein Hypothese ist eine Annahme und daher auch als Aussagesatz und nicht als Frage formuliert.
- Die Begriffe, die Sie in diesem Aussagesatz verwenden, sollten operationalisierbar sein. Das heißt, sie sollten nicht zu schwammig formuliert werden.
- Die Begriffe sind durch eine logische Relation miteinander verbunden (z. B. wenn – dann, je – desto).
- Hypothesen müssen so formuliert sein, dass sie auch falsifizierbar sind. Das heißt, sie müssen durch neue empirische Erkenntnisse widerlegt werden können.

Das Aufstellen von Forschungsfragen und das Bilden von Hypothesen gehört zum Grundlagenwissen jeder Forscherin und jedes Forschers; es hier noch einmal aufzuzeigen, würde den Rahmen dieses Buches sprengen. Sollten daher Unsicherheiten bestehen, holen Sie sich Unterstützung bei Ihrer Betreuungsperson bzw. schlagen Sie nochmals in der einschlägigen Literatur Ihres Fachbereichs nach.

Der folgende Auszug ist ein weiteres Beispiel aus dem Exposé mit dem Titel „The Delicate Place. Das Motiv des Fensters als Öffnung ins Innere in Romanen und Erzählungen seit 1945“ von Gianna Zocco. Es ist exemplarisch für eine Fragestellung im Bereich der Geisteswissenschaften. Das Beispiel wurde von uns gekürzt.

Beispiel 44: Fragestellungen und Annahme

Wolpers (1993) nennt drei Aspekte, die für die Untersuchung eines Motivs relevant seien. Die Bedeutung des Motivs an sich und dessen Verbindung zur thematischen Ebene des Texts, die Relation zwischen Motiv und außertextueller Wirklichkeit sowie die strukturelle Dimension. Die Fragestellungen, die für die Analyse des Fenstermotivs von Interesse sind, lassen sich diesen Kategorien zuordnen.

Zunächst soll herausgefunden werden, worum es in den Szenen des Fensterblicks ins Innere eigentlich geht: Wer beobachtet und wer wird beobachtet, was wird gesehen und was bleibt verborgen? Wie ist das Verhältnis zwischen Beobachter und Beobachtetem? Mit welchen Themen und anderen Motiven – beispielsweise dem Motiv des Fernrohrs – wird der Fensterblick verknüpft? Eine erste Hypothese lautet, dass in vielen Fensterszenen die Thematik des Erotischen und Verbotenen von großer Bedeutung ist.

Die erste Hauptfrage in diesem Beispiel betrifft die Szenen des Fensterblicks. Es soll analysiert werden, wie sich diese Szenen charakterisieren lassen. Dazu werden vier Unterfragen formuliert. Darauf folgt eine sogenannte Hypothese, die jedoch typisch für die Verwendung des Begriffs „Hypothese" in den nicht experimentellen Fächern ist. Denn Begriffe wie „viele" und „von großer Bedeutung" können in dieser Form nicht operationalisiert werden. Außerdem würde der Begriff „die Thematik des Erotischen und Verbotenen" einer genaueren Definition bedürfen, um klar erfasst werden zu können. Des Weiteren können die Begriffe „erotisch" und „verboten" in manchen Fällen deckungsgleich sein. Diese Hypothese entspricht also eher einer allgemeinen Annahme und sollte daher auch als solche bezeichnet werden. Damit diese Annahme zu einer wissenschaftlich brauchbaren Hypothese wird, müsste sie umformuliert werden, z. B.: *In mindestens 50 % der Fensterszenen werden erotische Szenen beobachtet.* Eine solche Hypothese kann überprüft werden, da sie messbar ist.

Solche Annahmen werden in manchen Disziplinen im strengen Sinne fälschlicherweise als Hypothesen bezeichnet. Wie schon erwähnt, wird der Begriff „Hypothese" hier in einem alltagssprachlichen Sinn verwendet und sollte entweder vermieden oder seine Gebrauchsweise sollte klar definiert werden. Besser wäre es in diesem Fall, von Vermutungen oder Annahmen zu sprechen, denen in einer Forschungsarbeit durchaus nachgegangen werden kann.

Im nächsten Beispiel 45 aus dem Fachbereich Physikdidaktik handelt es sich um einen Auszug aus dem Exposé mit dem Titel: „Schülervorstellungen zum Thema Elektromagnetische Strahlung. Empirische Befunde und deren Konsequenzen für den Physikunterricht", das von Susanne

Neumann verfasst wurde. Hier werden Fragestellungen formuliert und aus diesen einerseits Vermutungen und andererseits Hypothesen abgeleitet. Bei der Formulierung dieser Hypothesen bleibt die Autorin zu vage, wodurch eine genaue Überprüfbarkeit unmöglich wird. Hier sollte besser in jedem erläuternden Absatz der Begriff „Vermutung“ oder „Annahme“ anstelle von „Hypothese“ verwendet werden, denn der Untertitel der Arbeit, „Empirische Befunde und deren Konsequenzen für den Physikunterricht“, impliziert eher, dass der Terminus „Hypothese“ hier in einem experimentellen Sinne gemeint sein könnte.

Beispiel 45: Fragestellungen und Annahmen

Als konkrete Forschungsfragen ergeben sich daher für meine Arbeit:

1. Welche Begriffe assoziieren Schüler / innen und Erwachsene mit dem Begriff ‚Strahlung‘? Wodurch wurden diese Assoziationen geprägt? Welche Rolle spielt der naturwissenschaftliche Unterricht dabei?
2. Inwiefern wird der Zusammenhang zwischen verschiedenen Strahlungsarten verstanden bzw. wenn dieser erkannt wird, wie begründen Schüler / innen ihn?
3. Wie schätzen Schüler / innen und Erwachsene das Gefahrenpotenzial von Strahlung ein? Wird dabei nach Strahlungsart oder nach Intensität relativiert?
4. Welche Misskonzepte im Zusammenhang mit elektromagnetischer Strahlung treten bei Schüler / innen auf? Wie könnten diese durch adäquate Unterrichtsansätze vermieden werden?

Da es so gut wie keine empirischen Forschungsergebnisse zu diesen Fragen gibt, können im Folgenden keine vorliegenden Ergebnisse präsentiert werden, auf denen meine Forschung basieren kann. Es können nur erste Hypothesen formuliert werden, die ich aus meiner eigenen Unterrichtspraxis sowie informellen Gesprächen mit Physik-Lehrkräften gewonnen habe:

ad 1.: Es wird vermutet, dass Schüler / innen wie Erwachsene vor allem negative Assoziationen mit dem Begriff Strahlung assoziieren. Durch Medienberichte ist ihnen vermutlich die Diskussion rund um

,Handystrahlung' bekannt. Sehr wahrscheinlich werden auch Begriffe wie ,Kernkraft', ,Atombombe' oder andere mit ionisierender Strahlung zusammenhängende Schlagwörter genannt. Inwiefern sichtbares Licht mit Strahlung in Verbindung gebracht wird, ist schwer zu beurteilen, vermutetet wird eine eher nachrangige Bedeutung. Als sehr spannend erachte ich die Rolle der Wärmestrahlung in diesem Kontext. Es ist naheliegend, dass nur einer Minderheit die Tatsache, dass jeder Körper Wärmestrahlung aussendet, bekannt ist. Eine Einordnung des Begriffs Infrarotstrahlung scheint vielleicht im Zusammenhang mit Infrarotlampen gegeben.

Die Prägung der Begriffe betreffend, ist davon auszugehen, dass den Medien eine entscheidende Rolle zukommt. Der naturwissenschaftliche Unterricht, so wird vermutet, hat hier nur marginalen Einfluss, was allerdings auch durch den geringen Stellenwert dieses Themas begründet sein könnte.

ad 2.: Vermutlich kann nicht einmal ein oberflächliches Verständnis des Zusammenhangs zwischen verschiedenen Strahlungsarten festgestellt werden. Eventuell sind einigen Schüler / innen oder Erwachsenen die Begriffe lang-/kurzwellig bekannt, ein Verständnis der Begriffe wird allerdings nicht vermutet. Interessant ist hierbei auch die Frage, ob einige Schüler / innen den Energiebegriff zur Erklärung des elektromagnetischen Spektrums ins Spiel bringen und mit dessen Hilfe vielleicht auch die unterschiedliche Wirkung auf Materie zu erklären versuchen.

ad 3.: Eine plausible Hypothese lässt sich vor allem dadurch gewinnen, dass Schutzmaßnahmen sowohl im Unterricht (v. a. zu ionisierender Strahlung) als auch in den Medien (v. a. zur ,Handy'strahlung) thematisiert werden. Dadurch lässt sich vermuten, dass Strahlung vor allem bei ersten Assoziationen als gefährlich beschrieben wird. Sollte Licht- und Wärmestrahlung als Teil des EM-Spektrums bekannt sein, wird das Gefahrenpotenzial vermutlich davon abhängig gemacht, welche Art der Strahlung vorliegt. Es ist davon auszugehen, dass hierbei einigen Strahlungsarten, unabhängig von der Dosis, gefährliche Auswirkungen auf den menschlichen Körper nachgesagt werden, andere werden als ungefährlich eingeschätzt. Ein Zusammenhang mit der Intensität wird vermutlich nicht gesehen.

ad 4.: Aus der Literatur sind einige Misskonzepte bereits bekannt, wenn auch nur im Zusammenhang mit ionisierender Strahlung: – Strahlung wird prinzipiell als unnatürlich und gefährlich betrachtet. Die Tatsache der ionisierenden Hintergrundstrahlung ist weitgehend unbekannt. (Boyes & Stanisstreet, 1994) Schüler/innen bringen den Begriff ‚Strahlung' in Zusammenhang mit den verschiedensten Umweltproblematiken (z. B. „Strahlung hat negative Auswirkungen auf den Klimawandel" oder „Strahlung beschleunigt den Abbau der Ozonschicht"). (Boyes & Stanisstreet, 1994) – Lebensmittel, die ionisierender Strahlung zum Zwecke der Sterilisation ausgesetzt waren, werden selbst radioaktiv. (Millar & et al., 1990)

Weitere Misskonzepte, vor allem in Bezug auf andere Strahlungsarten, werden erst im Verlauf der Forschungsarbeit aufgedeckt werden.

Das folgende Exposé aus dem Fachbereich Sozialpsychologie mit dem Titel „Der Effekt von physischer Attraktivität auf den wahrgenommenen Respekt in Dyaden gleichberechtigter Gruppenmitglieder" [18] enthält sowohl eine Fragestellung als auch eine korrekt formulierte, experimentelle Hypothese. Im konkreten Fall handelt es sich um eine Zusammenhangshypothese mit einer „wenn – dann"-Relation.

Beispiel 46: Fragestellung und Hypothese

Wir nehmen im Sinne der Ergebnisse von Dion et al. (1972, nach Hassebrauck, 2006) daher an, dass Attraktivität einen Effekt auf die wahrgenommene Ehrlichkeit einer respektgebenden Person hat und darüber auf das Level des wahrgenommenen Respekts, den eine respektempfangende Person empfindet. Wir nehmen des Weiteren an, dass rein physische Attraktivität im Kontext einer Gruppenarbeit und ohne Hinweis auf die wirkliche Kompetenz einer Person nicht dazu führt,

18 Anika Deinert, Annika Pein, Florian Hebbel & Hanno Müller-Kalthoff. Exposé „Der Effekt von physischer Attraktivität auf den wahrgenommenen Respekt in Dyaden gleichberechtigter Gruppenmitglieder". Online: http://share-fs.psychologie.uni-kiel.de/skripte/2007_ws_sozialpsych_simon/expose_gruppe1_attraktivitaet_und_respekt.pdf, Seite besucht am 10.01.2012.

dass sich arbeitsbezogene Statusunterschiede entwickeln. Attraktivität ist damit ein geeigneter Faktor, um nicht arbeitsbezogene Unterschiede von Personen in gleichberechtigten Gruppensituationen zu untersuchen.

Da außerdem anzunehmen ist, dass Attraktivität abhängig vom Geschlecht und der sexuellen Gesinnung einer Person unterschiedliche Auswirkungen hat, resultiert aus dem oben Dargestellten unsere – für den Umfang eines experimentellen Praktikums auf geeignete Situationen (Geschlecht, sexuelle Gesinnung, unbewegte Bilder) beschränkte – folgende inhaltliche Hypothese:

Heterosexuelle Frauen fühlen sich bei gleichwertig respektvollen / respektlosen Kommentaren von Männern derselben sozialen Dyade respektvoller / respektloser behandelt, wenn der respektgebende Mann attraktiver wahrgenommen wird. Dabei wirkt Ehrlichkeit als vermittelnder Faktor.

Für jede Fragestellung und für jede Hypothese, die Sie in Ihrem Exposé anführen, müssen Sie eine adäquate methodische Vorgehensweise finden, mit der sie diese beantworten bzw. überprüfen können. Denken Sie daher bei der Formulierung von Fragestellungen und Hypothesen immer auch gleich die passende Methode mit.

2.8 Die Darstellung der methodischen Vorgehensweise

Wissenschaftliches Arbeiten erfordert die bewusste und reflektierte Anwendung von Methoden. Wer selbstständig wissenschaftlich arbeiten will – und darin besteht ja gerade das grundlegende Ziel einer Forschungsarbeit –, die / der muss in der Lage sein, das methodische Handwerkszeug ihres / seines Faches bei der Beantwortung selbst entworfener Fragestellungen anzuwenden. Wenn es die Neugier ist, die uns zu wissenschaftlichem Arbeiten antreibt, dann sind es die Methoden, die uns befähigen, nach Erkenntnissen zu graben. Ob wir fündig werden, hängt nicht zuletzt vom richtigen Werkzeug ab. Die Auswahl der geeigneten Werkzeuge kann allerdings nur gelingen, wenn Sie sich vor Beginn Ihrer Arbeit einen Überblick darüber verschafft haben, was alles in Ihrem Methodenschrank vorhanden ist und für welche Zwecke Sie es nutzen können.

Das Wort „Methode“ leitet sich von dem griechischen Wort „methodos“ ab (auf Deutsch: der Weg zu etwas hin). Wir können Methoden als den Weg begreifen, den Sie als Forscherin oder Forscher zurücklegen, um zu Ihrem Ziel, der Lösung eines wissenschaftlichen Problems, zu gelangen. Die Methoden der Wissenschaften sind überaus vielfältig. Es gibt qualitative und quantitative Untersuchungen, es gibt Fallstudien, vergleichende Analysen, Querschnittsanalyse und Longitudinalstudien; es gibt Primärerhebungen und Sekundäranalysen (vorhandene Daten, die noch einmal neu aufgrund einer neuen Fragestellung ausgewertet werden). Allerdings gibt es auch rein theoretische, z. B. wissenschaftstheoretische oder philosophische Fragestellungen, bei denen sich die Methodenfrage anders stellt, da sie keinen empirischen Forschungsgegenstand haben.

Wichtig ist, dass Sie nicht einfach eine beliebige Methode unreflektiert anwenden und dass Sie auch in Ihrem Exposé die Vor- und Nachteile Ihres Vorgehens diskutieren. Hier kann es natürlich notwendig sein zu begründen, warum Sie die eine Methode einer anderen vorziehen bzw. warum es Ihnen notwendig erscheint, mehrere Methoden miteinander zu verbinden. Unter Umständen kann es sinnvoll sein, nicht nur zu skizzieren, welche Methode Sie anwenden, sondern auch zu reflektieren, welche Methoden Sie nicht anwenden. In diesem Fall ist ein kurzer Überblick nützlich, welche Methoden überhaupt denkbar wären, bevor Sie begründen, warum Sie eine bestimmte Methode wählen. Eine Ausnahme stellen hier viele naturwissenschaftliche Fächer dar, in denen die Untersuchungsmethoden bereits derart standardisiert sind, dass für alle Mitglieder einer Forschungsgemeinschaft schon bei der Erörterung eines Problems klar ist, welche Methoden zu seiner Lösung angewandt werden können. In diesen Disziplinen kann der Methodenteil meist eher kurz bis sehr kurz gehalten werden – außer eine Arbeit beschäftigt sich explizit mit Methodenfragen.

Neben der Beschreibung und Begründung der Methoden müssen Sie in Ihrem Exposé auch deutlich machen, wie Sie bei deren Anwendung vorgehen. Das heißt, Sie sollten skizzieren, welche Schritte Sie zuerst ausführen und welche danach kommen. Angenommen, Sie führen eine sozialwissenschaftliche Studie zum Thema Migration und Arbeitsmarkt durch, dann werden Sie vermutlich zuerst statistische Daten zur Anzahl beschäftigter Menschen mit Migrationshintergrund in verschiedenen Berufssparten und Branchen einer bestimmten Region auswerten. Dann werden Sie vielleicht quantitativ arbeiten und einen Fragebogen erstellen und auswerten und zusätzlich möglicherweise qualitative Daten durch Fokusgruppen oder Interviews erheben, um auf bestimmte Fragen detaillierter eingehen zu können. Überlegen Sie also, in welche Reihenfolge die Anwendung der von Ihnen gewählten Methoden sinnvoll ist.

Methoden und Forschungsfragen bzw. Hypothesen müssen sich decken. Sie müssen daher im Methodenteil Ihres Exposés deutlich machen, mit welcher Methode Sie welche Forschungsfrage beantworten bzw. welche Hypothese Sie überprüfen werden. Achten Sie dabei darauf, dass Sie auch die jeweils adäquaten Methoden wählen und keine Fragen oder Hypothesen formulieren, die durch keine der von Ihnen angegebenen Methoden beantwortet oder überprüft werden können.

Der folgende weitere Auszug (Beispiel 47) aus dem Exposé mit dem Titel „The Delicate Place. Das Motiv des Fensters als Öffnung ins Innere in Romanen und Erzählungen seit 1945“ von Gianna Zocco enthält die methodischen Überlegungen zu der Fragestellung aus Beispiel 44. Der Text wurde von uns leicht adaptiert.

Beispiel 47: Methodische Überlegungen

Die Dissertation versteht sich als Motivstudie und möchte Methoden aus der Thematologie anwenden und diese mit Ansätzen aus der Raumtheorie, der Soziologie, der Wahrnehmungstheorie sowie mit Konzepten aus dem Bereich Intertextualitätstheorie und kollektives Gedächtnis kombinieren. Notwendig ist dazu eine Definition des Begriffs „Motiv“ in Abgrenzung zu den ebenfalls gebräuchlichen Begriffen „Stoff“ und „Thema.“ In Übereinstimmung mit den meisten Theoretikern wird der Terminus „Motiv“ hier als der kleinste und konkreteste Begriff verstanden, als „any imaginative unit based on perception, sensation, and/or feeling.“ (Wolpers 1993: 80) Gegenüber Stoffen und Themen haben Motive den Vorteil, dass sie von den Lesenden weder großes Vorwissen noch eine Interpretation erfordern, um als solche erkannt zu werden. Gleichzeitig stehen sie aber im Wechselverhältnis zu den anderen beiden Kategorien und haben wie diese ihren Ursprung in der außertextuellen Wirklichkeit. Weiterhin nimmt Wolpers die oben schon erwähnte Unterscheidung von drei Ebenen eines Motivs vor: die Ebene des „what a motif is about" (Wolpers 1993:86), die Ebene des „how it is related to reality" (Wolpers 1993: 86) und die Ebene der Struktur (vgl. Wolper 1993: 86). Eine Gliederung der Arbeit diesen drei Ebenen entsprechend erscheint in mehrfacher Hinsicht sinnvoll: Zum einen kann damit der von Pettersson geäußerten Forderung nach einer multidimensionalen Perspektive entsprochen werden (Petterson 2002: 244). Zum anderen ist die an der Thematologie geäußerte Kritik, „the least literary of histories" (Wellek 1993: 13) zu sein, bei dieser Herangehensweise nicht aufrechtzuerhalten, da, wie Sollors schreibt, die Gleichsetzung der Variable des Motivs es möglich macht, die Besonderheiten einzelner Texte hinsichtlich anderer Variablen herauszuarbeiten (Sollors 1993: XXI). Besonders gilt dies für die von thematologischen Studien oft vernachlässigte strukturelle Komponente literarischer Werke, wie auch Wolpers betont:

This structural diversity offers plenty of room for interesting literary investigation, which, if it concentrates on the motif as a structural element on whichever level in the text, does not seperate, but combines, in a new and rewarding way, aspects of form and subject matter. (Wolpers 1993: 87)

Schließlich soll das Motiv des Fensterblicks als, so Pavel, „meeting point between the text's reference to its own world, the world outside the text, and the reader's attention" (Pavel 1993: 128) verstanden werden. Das erlaubt es, die erworbenen Einsichten aus den textzentrierten Analysen mit den größeren Zusammenhängen in der außertextuellen Wirklichkeit in Verbindung zu bringen.

Diese methodischen Überlegungen sind typisch und adäquat für eine literaturwissenschaftliche Arbeit, die mehr mit komplexen Theorien arbeitet, die einander häufig gegenübergestellt werden, als mit konkreten Methoden. Ähnliche Beschreibungen der Vorgehensweise finden Sie in vielen geisteswissenschaftlichen Disziplinen.

Der folgende weitere Auszug aus dem Exposé mit dem Titel: „Schülervorstellungen zum Thema Elektromagnetische Strahlung. Empirische Befunde und deren Konsequenzen für den Physikunterricht" von Susanne Neumann enthält die Beschreibung der methodischen Vorgehensweise, mit deren Hilfe die Fragestellungen aus Beispiel 45 beantwortet werden sollen. Methoden und Vorgehensweise werden überblicksmäßig skizziert, und es wird genau darauf eingegangen, mit welcher Methode welche Fragestellung bearbeitet wird.

Beispiel 48: Methodenwahl und Vorgehensweise

Die Methodenwahl betreffend bietet sich folgende Vorgangsweise an: Um die ersten Assoziationen zu erheben, die Schüler/innen und Erwachsenen zum Thema ‚Strahlung' einfallen, wende ich zwei verschiedene Methoden an, die auf das jeweilige Alter abgestimmt sind. Um herauszufinden, welche Begriffe 9- bis 12-jährige Kinder mit dem Begriff ‚Strahlung' verbinden, sollen Kinderzeichnungen analysiert werden. Die Kinder werden gebeten, auf einem A4-Blatt ein Bild zum Thema ‚Strahlung' zu zeichnen. Basierend auf einem Kategoriensystem werden die Zeichnungen dann analysiert.

Die Assoziationen von älteren Schüler/innen sowie Erwachsenen werden mit Hilfe von kurzen Fragebögen untersucht. Dabei sollen sie nicht nur Begriffe nennen, die ihnen spontan zum Begriff ‚Strahlung' einfallen, sondern auch eine rasche Zeichnung anfertigen, die die Aussage „Ein Gegenstand sendet Strahlung aus" möglichst gut darstellt.

Für eine detailliertere Analyse, insbesondere um die Forschungsfragen 2 und 3 zu untersuchen und Hypothesen für Forschungsfrage 4 zu finden, ist der Einsatz von halb strukturierten Interviews geplant. Dabei soll ein fundierter Eindruck zu Schülervorstellungen zum Thema ‚Strahlung' gewonnen werden. Es sollen Schüler/innen verschiedener Schulstufen, insbesondere vor und nach der Behandlung von Optik und Radioaktivität, befragt werden. Weiters ist daran gedacht, Erwachsene aus verschiedenen Altersgruppen und mit möglichst verschiedenem Bildungshintergrund zu ihren Vorstellungen zu befragen. Interessante Stellen aus den Interviews werden transkribiert und bilden die Basis für den letzten Punkt des Forschungsvorhabens: die Untersuchung der Verbreitung von Fehlkonzepten (Forschungsfrage 4).

Nach der Ermittlung verbreiteter Fehlvorstellungen, die vor allem durch den vorher genannten Teil des Forschungsdesigns erwartet wird, werden diese Misskonzepte als Basis für die Erstellung eines umfassenden Fragebogens verwendet. Mit dessen Hilfe wird die Zustimmung und Ablehnung von Schüler/innen zu bestimmten Schülervorstellungen quantitativ erhoben. Es ist geplant, diesen Fragebogen in der neunten Schulstufe einzusetzen, um ein umfassendes Bild der vorherrschenden Ideen von Schüler/innen, die sich am Ende der (österreichischen) Schulpflicht befinden, zu erhalten.

Eine Veröffentlichung von Teilergebnissen der oben genannten Untersuchungen ist geplant und soll zu einer kumulativen Dissertation führen.

In diesem empirisch angelegten Forschungsprojekt werden die Methoden anschaulich den jeweiligen Fragestellungen des vorigen Absatzes zugeordnet. Außerdem wird plausibel erklärt, welche Schritte in welcher Reihenfolge notwendig sind, um die zuvor gestellten Forschungsfragen zu beantworten.

Der folgende weitere Auszug aus dem Exposé mit dem Titel: „Der Effekt von physischer Attraktivität auf den wahrgenommenen Respekt in Dyaden gleichberechtigter Gruppenmitglieder“[19] zeigt die Methoden, die angewandt werden, um die Fragestellung und die Hypothese in Beispiel 46 zu beantworten und zu überprüfen. In diesem Beispiel wird die methodische Vorgehensweise sehr detailliert skizziert. Auch wenn diese detaillierte Darstellung für die meisten Exposés außerhalb der quantitativ ausgerichteten experimentellen Psychologie nicht notwendig ist, soll dieses Beispiel veranschaulichen, wie die Vorgehensweise Schritt für Schritt aufgezeigt werden kann. Sollten Sie allerdings ein Exposé für einen Forschungsantrag einreichen, dann ist eine solch genaue Darstellung der methodischen Vorgehensweise üblich und notwendig. (Das Beispiel wurde von uns leicht adaptiert und die Abbildungen wurden aus dem Text entfernt.)

19 Anika Deinert, Annika Pein, Florian Hebbel & Hanno Müller-Kalthoff. Exposé „Der Effekt von physischer Attraktivität auf den wahrgenommenen Respekt in Dyaden gleichberechtigter Gruppenmitglieder“. Online: http://share-fs.psychologie.uni-kiel.de/skripte/2007_ws_sozialpsych_simon/expose_gruppe1_attraktivitaet_und_respekt.pdf, Seite besucht am 10.01.2012.

Beispiel 49: Methode und Vorgehensweise

3 Methode

3.1 Aufbau und Teilnehmer

In unserer Studie werden wir Studentinnen verschiedener Fakultäten der Universität Kiel untersuchen. Sie sollten alle heterosexuell sein, da wir einen Effekt des Geschlechts und der sexuellen Ausrichtung erwarten. Eine unabhängige Variable ist die Attraktivität. Diese manipulieren wir, indem wir den Frauen sehr attraktive und weniger attraktive Männerbilder zeigen (diese nehmen wir aus einer bereits intensiv auf Attraktivität vorgetesteten Bilderdatenbank von Manfred Hassebrauck, Uni Wuppertal). Die andere unabhängige Variable ist die Behandlung, welche in Form von Kommentaren respektvoll oder nicht respektvoll sein kann. Abhängige Variablen sind der wahrgenommene Respekt und – um zusätzlich die Auswirkungen des Respekts zu messen – die Identifikation mit der Gruppe und die Bereitschaft, sich gruppendienlich zu verhalten.

3.2 Durchführung

Das Experiment befasst sich angeblich mit einem Projekt zur Verbesserung institutsübergreifender Zusammenarbeit an der Christian-Albrechts-Universität zu Kiel. Ein Mann und eine Frau sollen dabei zusammenarbeiten, jeder sitzt in einem anderen Gebäude der Universität. Der Mann ist jedoch fiktiv und nur die Frau agiert als Versuchsperson. Es wird ihr mitgeteilt, dass das „Team" gegen andere Gruppen spielt und der Gewinner einen Sachpreis erhält. Um Auswirkungen der Zugehörigkeit zu einem bestimmten Institut zu verhindern (und damit Schlüsse auf die arbeitsbezogene Kompetenz des Mitspielers), werden Namen, Institut und andere Daten der Teilnehmer nicht bekannt gegeben. Die Teilnehmer bleiben sich bis auf ein Foto anonym, wird ihr gesagt. Die Frau kommt in das Labor und wird an den Computer gesetzt, eine Webcam macht ein Bild von ihr, angeblich, um dieses ihrem Mitspieler zu übermitteln. Ein wenig später bekommt sie selbst ein fiktives Foto ihres angeblichen Partners. Ziel der Aufgabe soll es sein, gemeinsame Verbesserungsvorschläge herauszuarbeiten. Die Versuchsperson sitzt vor dem Computer, und ihr wird gezeigt, wie man elektronische Nachrichten verschickt und wie man welche empfängt. Nun soll sie ihre Ideen an ihren Partner schicken. Nach Füllfragen („Wie denkst du über die Qualität der Bildung an der Universität?" etc. ...) dürfen sich die Teilnehmer einen Namen für ihr Team aus einer Liste („Student 08" oder „Big Two") aussuchen, um die Identifikation mit der Gruppe zu stärken. Die Frau sucht sich einen Namen aus und wird dann darüber informiert, dass der Mann sich den gleichen Namen ausgesucht hat (dies dient der Stärkung der Identifikation mit der Gruppe). Danach bekommt die Frau den Kommentar des Mannes zu ihren Ideen (siehe unten, vgl. auch Abb. 2). Gleichzeitig wird sie darüber informiert, dass die Datenübertragung zwar von ihr zu ihm klappt, aber aufgrund technischer Probleme nicht von ihm zu ihr, sodass sie seine Kommentare noch nicht bewerten kann. Dann bekommt sie einen Fragebogen, um die abhängige Variablen zu testen. Außerdem werden im Sinne eines Manipulation Checks zusätzlich die folgenden Werte erhoben: Persönlichkeit, eigene Attraktivität, Kompetenz, Attraktivität, Ehrlichkeit und Autorität vom „Arbeitspartner" und das Interesse, sich privat mit ihm zu treffen.

(Abb. 2: Beispiel für eine Bildschirmdarstellung der Bedingung „Respekt (hoch) / Attraktivität (hoch)" in der Versuchssituation. Quelle Bild: www.beautycheck.de.)

In Realität ist es so, dass der fiktive Mann keine Kommentare gibt, sondern diese Aussagen im Computer durch den Experimentator vorprogrammiert sind. Die Füllfragen sind dazu da, das Gefühl zu erwecken, der fiktive Mitspieler würde in der Pause ihre Ideen wirklich bewerten.

3.3 Unabhängige Variable

Die Versuchsperson bekommt einen respektvollen oder nicht respektvollen Kommentar zu ihren Vorschlägen. Die Kommentare übernehmen wir von Simon und Stürmer (2003). Diese sind auf der Basis von sorgfältigen Vortests aus verschiedenen Mustern von Studenten unterschiedlicher Universitäten entstanden.

Aussage in der respektvollen Kondition: „Deine Vorschläge sind da. Ich finde sie alle interessant und werde sie genau durchgehen, bevor ich zu einer endgültigen Meinung komme. Das dauert natürlich ein bisschen, bitte versteh das, aber ich gebe mir Mühe."

Aussage in der nichtrespektvollen Kondition: „Ich habe deine Vorschläge gelesen, weil ich es machen musste. Aber um ehrlich zu sein, hätte ich lieber etwas anderes getan. Ich habe zu dem Thema eine ziemlich feste Meinung."

3.4 Abhängige Messungen

Die abhängigen Messungen sind an denen von Simon und Stürmer (2003) orientiert. Manipulationschecks: Die Versuchspersonen beurteilen auf Skalen von 1 (wenig) bis 6 (viel) den Respekt, den sie von ihrem Arbeitspartner erfahren haben, ihre eigene Attraktivität sowie die Attraktivität, Ehrlichkeit und Autorität ihres Arbeitspartners sowie das Interesse, sich privat einmal mit ihm zu treffen. Aktuelle Stimmung: Die emotionale Reaktion auf die experimentelle Manipulation soll anhand der Subskalen von Janke und Debus (1978) gemessen werden. Es wird eine Adjektivcheckliste gegeben, die freudig erregte Stimmung (aufgekratzt, befriedigend, froh, freudig), Wut (irritierend, böse, ärgerlich, aggressive) und depressive (traurig, unglücklich, verzweifelt, depressive) Stimmung erfassen soll. Es werden Ratings gemacht von 0 (nicht überall wahr) bis 6 (überall wahr).

Kollektive Identifikation: Wir wollen die kollektive Identifikation messen, indem wir die Skalen von Luhtanen und Crocker (1992, nach Simon & Stürmer, 2003) verwenden. Bereitschaft, sich gruppendienlich zu verhalten: Außerdem wollen wir den Willen der Versuchsperson messen, Aufgaben während des Experimentes zu machen. Es sollen spezielle Aufgaben zu dem „Projekt" gemacht werden wie zum Bespiel Strukturierung der Diskussion oder schreiben der Hauptargumente. Der Wille zum Engagement wird an einer 6-Pkt-Skala gemessen (1 = sehr niedrig – 6 = sehr hoch).

4 Auswertung

Zur Überprüfung der Operationalisierung führen wir eine 2x2-ANOVA zum einen auf die wahrgenommene Attraktivität und anschließend auf den wahrgenommenen Respekt durch. Bei der wahrgenommenen Attraktivität erwarten wir lediglich einen signifikanten Haupteffekt der Attraktivitätsmanipulation. Bezüglich des wahrgenommenen Respekts hingegen erwarten wir einen signifikanten Haupteffekt der Respektmanipulation sowie einen signifikanten Interaktionseffekt zwischen Respekt- und Attraktivitätsbedingung. Um die Effekte der Manipulation der unabhängigen Variablen auf die abhängigen Variablen (wahrgenommener Respekt, Identifikation mit der Gruppe und Bereitschaft zu gruppendienlichem Verhalten) zu überprüfen, sollen für jede AV zwei gerichtete t-Tests für unabhängige Stichproben durchgeführt werden, in denen jeweils für eine Stufe der Respektbedingungen die Mittelwerte der abhängigen Variablen beider Attraktivitätsbedingungen verglichen werden. Der erste Test soll also die Werte der respektvollen, der zweite die der nicht respektvollen Bedingung vergleichen. Bei der respektvollen Behandlungsmanipulation erwarten wir in der Attraktivitätsbedingung einen signifikant höheren Mittelwert des wahrgenommenen Respekts als in der Bedingung geringer Attraktivität. In der nicht respektvollen Behandlungsbedingung hingegen erwarten wir für die positive Attraktivitätsbedingung einen signifikant niedrigeren Mittelwert des wahrgenommenen Respekts.

Analoge Ergebnisse erwarten wir für die Mittelwerte der Identifikation mit der Gruppe und der Bereitschaft zu gruppendienlichem Verhalten. Damit hätte Attraktivität einen Einfluss auf den wahrgenommenen Respekt und darüber auf die Identifikation mit der Gruppe und die Bereitschaft zu gruppendienlichem Verhalten.

(Abb. 3: Erwartete Effekte der UVn auf die AV-Mittelwerte)

Des Weiteren führen wir eine Kovarianzanalyse von der Attraktivität auf den wahrgenommenen Respekt durch, wobei wir die Ehrlichkeit als Kovariante erheben. Wir erwarten, dass der Originaleffekt nach Herausrechnung des Effekts der Ehrlichkeit zwar noch vorhanden ist, jedoch geringer ausfällt und die Ehrlichkeit somit als partielle Mediatorvariable fungiert.

Im Abschnitt „Darstellung der methodischen Vorgehensweise oder experimentelles Design“ kommt es darauf an, die richtigen Methoden zu wählen, die es Ihnen ermöglichen, Ihre Forschungsfragen und Hypothesen auch wirklich beantworten bzw. überprüfen zu können. Zudem müssen Sie deutlich machen, in welchen Schritten Ihr Projekt durchgeführt werden muss, damit es zum gewünschten Ziel führt. Wir empfehlen Ihnen, den Abschnitt „Formulieren von Forschungsfragen und Hypothesen“ gemeinsam mit dem Abschnitt „Darstellung der methodischen

Vorgehensweise oder experimentelles Design" zu verfassen – auch wenn sie dann im Exposé schlussendlich unter zwei verschiedenen Überschriften zu finden sind –, damit Sie sich bereits während der Formulierung Ihrer Fragen und Hypothesen die passende Methode dazu überlegen.

2.9 Das Untersuchungsmaterial oder das Analysekorpus

Dieser Abschnitt Ihres Exposés ist eng mit der Darstellung der methodischen Vorgehensweise verknüpft und wird deshalb oft in den Methodenteil integriert. Hier führen Sie aus, welches Material Sie für Ihre Untersuchung verwenden. In rein philologischen Arbeiten ohne empirischen Teil kann es sich hier um Primärquellen handeln (wie z. B. Literatur, historische Quellen oder philosophische Schriften etc.), in rechtswissenschaftlichen Arbeiten um Gesetzestexte.

In naturwissenschaftlichen und anderen experimentellen empirischen Arbeiten kann Ihr Untersuchungsmaterial z. B. aus Laborerhebungen oder Experimenten bestehen, in ökologischen Studien können es etwa Daten aus Felderhebungen sein, und in sozialwissenschaftlich orientierter Forschung besteht es oft aus Dokumenten, Texten, Daten aus Fragebogenerhebungen, Interviews, Fokusgruppen oder Beobachtungen. Wenn Sie Datenmaterial selbst erheben, müssen Sie beschreiben, aufgrund welcher Kriterien Sie genau diese Daten auswählen (Warum?), welche Daten Sie erheben wollen (Welche?), welchen Umfang ihr Datenkorpus ungefähr haben wird (Wie viele?) und wie Sie diese Daten erschließen, aufbereiten und analysieren wollen (Wie?).

Das Beispiel 48 in Kapitel 2.8 integriert die Beschreibung des Datenmaterials in den Methodenteil. Dies ist grundsätzlich gut, doch wird bei einer solchen Zusammenfassung der beiden Abschnitte oft vergessen, das Datenmaterial genau zu beschreiben. Im eben genannten Beispiel nennt die Autorin z. B. nicht, wie viele Kinderzeichnungen sie erheben wird bzw. wie viele Schülerinnen, Schüler und Erwachsene sie befragen will. Ohne dass Sie den Umfang des Datenmaterial (wenn auch nur grob) skizzieren, ist es für eine Leserin bzw. einen Leser jedoch sehr schwer abzuschätzen, ob Sie in der Lage sein werden, Ihr Projekt erfolgreich durchzuführen.

Das Beispiel 49 im vorigen Kapitel 2.8 enthält im Abschnitt „Methoden" ebenfalls die Beschreibung des Datenmaterials. Obwohl diese Darstellung der methodischen Vorgehensweise beinahe schon etwas zu detailliert ausfällt, fehlt auch hier die Angabe des Datenumfangs, der erhoben werden soll.

Das folgende Beispiel 50 ist ein weiterer Auszug aus dem Exposé mit dem Titel „Methoden der Relevanzmarkierung im Rahmen der kommunikativen Darstellung von Angst" von Marlene Sator. Der Textauszug wurde von uns leicht adaptiert. Er enthält eine genaue Beschreibung von Art und Umfang der Daten sowie der Erhebungsmethoden. Warum diese Daten ausgewählt wurden und wie sie ausgewertet und analysiert werden sollen, wird in diesem Textauszug allerdings nicht beschrieben.

Beispiel 50: Datenmaterial

Das in der hier skizzierten Arbeit zu untersuchende Datenmaterial besteht aus einem Korpus von Audio- und Video-Aufnahmen von nach einem halbstrukturierten Leitfaden geführten ärztlichen Gesprächen mit insgesamt 12 PatientInnen mit Angst- und / oder Anfallserkrankungen. Das Korpus umfasst dabei zwei PatientInnengruppen zu je sechs stationären PatientInnen: eine Gruppe von PatientInnen, die an einer Epilepsie erkrankt sind und in diesem Zusammenhang Angstauren haben (Krankenhaus Mara, Epilepsiezentrum Bethel), und eine Gruppe von PatientInnen mit der Diagnose einer Angsterkrankung (Krankenanstalten Gilead, v. Bodelschwinghsche Anstalten Bethel). Pro PatientIn wurde jeweils ein ärztliches Leitfadengespräch sowie in zwei Fällen ein zusätzliches diagnostisches Gespräch (in einem Fall ein Nachtrag zum Leitfadengespräch, im zweiten Fall ein nach der Methodik der Operationalisierten Psychodynamischen Diagnostik geführtes Interview) in das Korpus aufgenommen. Für die Leitfadengespräche wurde ein im Rahmen des Projekts „Linguistische Differenzialtypologie epileptischer und anderer anfallsartiger Störungen" entwickelter Leitfaden, der Raum für eine narrative Entfaltung des subjektiven Anfallserlebens vorsieht und gleichzeitig auf die Erfordernisse einer umfassenden Anamnese abgestimmt ist, für die Zwecke der Fragestellungen der ZiF-Kooperationsgruppe zum

Thema Angst adaptiert. So sieht der Leitfaden etwa nach einer bestimmten Zeit eine Thematisierung der Angst von Seiten der InterviewerInnen vor, sofern die Angst bis zu jenem Zeitpunkt nicht von den PatientInnen selbst thematisiert worden ist. Die durchschnittliche Gesprächsdauer dieser Leitfadengespräche beträgt ca. 50–60 Minuten. Die Gespräche wurden von drei verschiedenen ÄrztInnen (zwei ÄrztInnen aus den Krankenanstalten Gilead und ein Arzt aus dem Krankenhaus Mara) geführt, wobei sichergestellt wurde, dass die Gespräche zu einem möglichst frühen Behandlungszeitpunkt und nicht von den jeweils behandelnden ÄrztInnen geführt wurden, damit auf ÄrztInnenseite möglichst wenig Vorwissen über die jeweiligen PatientInnen vorhanden war.

Nachdem erstens die Daten im Wesentlichen vorliegen und zweitens ich an der Verwaltung und Aufbereitung des Korpus wesentlich mitgearbeitet habe, sind entscheidende Voraussetzungen für die geplante empirische Arbeit (vorhandener Feldzugang und genaue Kenntnis der Daten) erfüllt.

Wenn Sie, so wie in diesem Beispiel beschrieben, Daten verwenden, die bereits erhoben wurden, sollten Sie dies einerseits im Exposé anmerken und anderseits deutlich machen, dass Sie auch die Berechtigung haben, diese Daten zu verwenden.

Das folgende Beispielexposé mit dem Titel „Hegels Begriff der Anerkennung als Modell für eine Gesellschaftstheorie der Gegenwart“ [20] wurde im Fachbereich Philosophie verfasst. Da es sich in diesem Fachbereich beim verwendeten Datenmaterial immer um Primär- bzw. Sekundärliteratur handelt, wird die Methode oder die Herangehensweise an die Texte häufig mit der Angabe, um welche Texte es sich dabei handelt, verknüpft. Im Text sind diese Daten (oder hier besser: diese Texte) kursiv markiert. Das Beispiel wurde gekürzt.

20 Quelle: Wibke Rogge. Exposé „Hegels Begriff der Anerkennung als Modell für eine Gesellschaftstheorie der Gegenwart“. TU Berlin. Online: www.christoph-asmuth.de/content/allgemein/content/medien/Rogge_Expose_Diss.pdf, Seite besucht am 28.12.2011.

Beispiel 51: Methode und Korpus der Untersuchung

Methodisch werden die logischen Momente der Dialektik der Anerkennung auseinandergelegt, um ein Bewusstsein des Gesamtzusammenhangs zu entfalten. Anerkennung wird hierbei zunächst als symmetrische zweistellige Relation betrachtet, deren Relata eine Bestimmung als bewusste Wesen haben müssen. Die Struktur der Identität des A = A, als die grundlegende Einsicht des „sich-im-anderen-Anerkennens", wird in ihrer Verwendung im Werk Hegels auf grundlegende Begriffe der Philosophie Fichtes bezogen werden. Dazu soll vor allem Hegels Schrift zur *Differenz des Fichteschen und Schellingschen Systems der Philosophie*, die Jenaer *Realphilosophie*, die *Phänomenologie des Geistes* und die *Grundlagen einer Philosophie des Rechts* als Textgrundlage dienen. Auf Seiten der Philosophie Fichtes wird zunächst die *Grundlage der Gesamten Wissenschaftslehre* von 1804 und dann die *Grundlage des Naturrechts nach Prinzipien der Wissenschaftslehre sowie das System der Sittenlehre nach Prinzipien der Wissenschaftslehre* von 1798 und 1812 und die *Wissenschaftslehre nova methodo* von 1798/1799 untersucht werden. Somit kann die Fundierung des Hegelschen Anerkennungsbegriffs in einer Theorie des Selbstbewusstseins, welche mit der Grundlage der Fichteschen Philosophie zum Teil konvergiert, nachgewiesen werden. Dabei wird es aber vor allem um Differenzen und Verwandtschaften der beiden Entwürfe von Anerkennungslehren gehen, um diese mit Bezug auf die heutige Debatte untersuchen zu können. Im Einzelnen heißt das, dass in der Form einer systematischen Rekonstruktion des Anerkennungsmodells, vermittels der beiden Stufen ‚Explikation' und ‚Definition', die Situation des Begriffs transparent gemacht wird. Zum Explikat gehören im vorliegenden Falle rein historisch-philologische Untersuchungen und sowohl erläuternde als auch argumentative Erörterungen. Liegt ein in dieser Weise herausgearbeitetes Explikat vor, so kann versucht werden, dieses begrifflich exakt zu erfassen.

Die methodische Vorgehensweise erschließt sich in fünf Schritten, die sich inhaltlich aufeinander beziehen:

1. Die Philosophie J. G. Fichtes wird hinsichtlich ihrer Anerkennungslehre gelesen. Dabei soll vor allem Fichtes Theorie des „Ich" und des „Willens"

als transzendentalphilosophischer Begründungsanspruch berücksichtigt werden, um Differenzen und Überschneidungen zu Hegels Verwendung des Konzepts herauszustellen.

2. Es folgt eine systematische Erörterung des Prinzips von Anerkennung, wie es im Werk Hegels als eine synchrone und diachrone Entwicklung dargestellt wird, und deren Ausgangslage in der terminologischen Konstruktion von ‚Selbstbewusstsein', ‚Subjekt', ‚Ich' und ‚Person'.

3. Differenzen und Verwandtschaften beider Modelle sowie die systematische Ausrichtung des jeweiligen Begründungsanspruchs werden gegeneinandergehalten.

4. Die sich daraus ergebenden Konsequenzen für eine Deutung des Hegelschen Anerkennungsmodells werden fixiert.

5. Adaption an und Ausblick auf Grenzen und Möglichkeiten eines alternativen gesellschaftstheoretischen Modells zum methodischen Individualismus, welches die Forschungssituation um eine Philosophie der Intersubjektivität gegenwärtig anvisiert, werden abschließend vor dem Horizont der Untersuchung dargelegt.

Manchmal kann es schwierig sein, den Umfang des zu erhebenden Datenmaterials zu bestimmen, z. B. wenn Sie in Archiven nach Material forschen, das noch nie ausgehoben wurde, oder wenn Sie eine neue archäologische Fundstätte untersuchen. In diesen Fällen sollten Sie nach Möglichkeit versuchen, den Umfang Ihres Materials zu schätzen.

Bei manchen naturwissenschaftlichen Aufgabenstellungen, die die Durchführung von Experimenten erfordern, um zu einem bestimmten Ergebnis zu kommen, kann es ebenfalls schwierig sein, den benötigten Aufwand im Vorhinein zu schätzen, da oft schwer zu sagen ist, wie viele Durchläufe Sie brauchen, bis das gewünschte Ergebnis eintritt. In diesen Fällen beschränken Sie sich am besten auf die genaue Beschreibung des experimentellen Designs.

2.10 Der Beitrag der Arbeit zum Wissensstand der Forschungsgemeinschaft – die zu erwartenden Ergebnisse

Einen neuen Beitrag zum Wissensstand einer Disziplin zu leisten, wird erst ab einem gewissen Studienniveau gefordert. Für Bachelor- und Diplomarbeiten oder Masterarbeiten ist dies noch keine Bedingung. Erst wenn Sie ein Exposé für eine Dissertation oder ein Forschungsprojekt verfassen, müssen Sie den neuen Beitrag zur Forschung, den Sie mit Ihrem Projekt leisten, deutlich herausstreichen.

Ihr „neuer Beitrag" ergibt sich aus der „Identifikation der Forschungslücke" und dem daraus resultierenden „Ziel Ihrer Arbeit". Ihr Ergebnis bzw. das, was Sie mit Ihrem Ziel erreichen möchten, ist Ihr Beitrag zur Erweiterung des Wissensstandes der Forschungsgemeinschaft. Diese drei Abschnitte im Exposé folgen also einem logischen rhetorischen Aufbau. In manchen Fällen bietet es sich daher auch an, das „Identifizieren einer Forschungslücke", die Beschreibung des „Ziels der Arbeit" und Ihren „Beitrag zum Wissensstand der Forschungsgemeinschaft" miteinander zu verknüpfen, insbesondere dann, wenn sich alle drei Bereiche inhaltlich und vom Umfang her decken.

Wenn Sie über den Beitrag zum Wissensstand der Forschungsgemeinschaft schreiben, den Sie mit Ihrem Projekt leisten, werden Sie nicht umhinkommen, mit Wertungen zu arbeiten. Sie werden Ihre Leistung positiv herausstreichen und eventuelle wissenschaftliche Versäumnisse in der Vergangenheit negativ erwähnen. Stellen Sie Ihre Leistung bewusst positiv dar, ohne die Leistungen anderer zu stark abzuwerten.

Über Ihren Beitrag zum Wissensstand der Forschungsgemeinschaft oder die zu erwartenden Ergebnisse „verkaufen" Sie gewissermaßen Ihr Projekt und „werben" für Ihr Vorhaben. Dies ist insbesondere von Bedeutung, wenn Ihr Forschungsprojekt von mehreren Personen begutachtet wird und die Durchführung von der Akzeptanz einer Kommission abhängt (siehe. Kapitel 3 Stipendien und Forschungsförderung). In Forschungsanträgen erscheint dieser Beitrag auch manches Mal unter der Überschrift „Innovation" oder „Bedeutung für die Wissenschaft".

Achten Sie darauf, dass es sich auch wirklich um einen Beitrag handelt, mit dem Sie Ihre Disziplin wissenschaftlich voranbringen. Über diesen Beitrag zum Wissen der Disziplin hinaus kann es sein, dass Sie mit Ihrer Forschung auch einen gesellschaftspolitisch relevanten Beitrag leisten. Sollte dies der Fall sein, erwähnen Sie diesen, aber begehen Sie nicht den Fehler, nur den gesellschaftspolitisch relevanten Beitrag zu skizzieren und den wissenschaftlichen zu vergessen.

Dazu ein Beispiel: Wenn Sie, wie in einem der oben genannten Beispielexposés dargestellt, Gespräche zwischen Ärztinnen oder Ärzten und Patientinnen oder Patienten untersuchen, dann leisten Sie damit einen wissenschaftlichen Beitrag zur linguistischen Gesprächsforschung, der dem Bereich der Kommunikation in Organisationen und öffentlichen Institutionen zuzuordnen ist. Der gesellschaftspolitisch relevante Beitrag könnte sein, dass Sie damit die Kommunikation zwischen diesen Gesprächspartnerinnen und -partnern verbessern, um damit eine genauere Diagnose und besseren Heilungserfolg zu ermöglichen.

In dem folgenden Auszug aus dem Exposé mit dem Titel „Von der Objektivation zur Genese. Bewusstseinsphilosophie in methodenkritischer Perspektive“, das im Fachbereich Philosophie verfasst wurde, verknüpft der Autor[21] sein Forschungsziel mit dem Beitrag zum Wissensstand der Forschungsgemeinschaft bzw. den zu erwartenden Ergebnissen. Die Überschriften wurden von uns hinzugefügt, um die Struktur dieses Teils des Exposés zu verdeutlichen.

Beispiel 52: Ziel und Beitrag zum Wissensstand der Forschungsgemeinschaft

[Das Ziel der Arbeit] Die methodenkritische Analyse gegenwärtiger bzw. materialistischer Bewußtseinstheorie, die die Unzulänglichkeit des objektivierenden Verfahrens für eine Erklärung des empirischen Bewußtseins herausstellt, bietet eine Folie, vor deren Hintergrund die

21 Patrick Grüneberg. Exposé „Von der Objektivation zur Genese. Bewusstseinsphilosophie in methodenkritischer Perspektive“, Berlin. Online: www.christoph-asmuth.de/content/allgemein/content/medien/Grueneberg_Expose_Diss.pdf, Seite besucht am 10.01.2012.

Fichtesche Wissenschaftslehre erschlossen werden kann. Das Ziel liegt in einer systematischen Aufschlüsselung des genetischen Verfahrens bzw. der einzelnen Deduktionsschritte in der Bestimmung des apriorischen Bedingungsgefüges empirischen Bewußtseins. Schließlich kann so die Frage beantwortet werden, inwieweit die Deduktion des empirischen Bewußtseins mit Fichte möglich ist. Die Explikation bzw. der Transfer der Fichteschen Theorie geschieht dabei in kontinuierlicher Auseinandersetzung mit den methodischen Anforderungen an eine Theorie des Bewußtseins und als Lösungsversuch der methodischen Inkonzinnitäten materialistischer bzw. naturalistischer Ansätze. Somit erfolgt auf diesem Wege eine Kontextualisierung der Wissenschaftslehre in die gegenwärtige bewußtseinstheoretische Diskussion. Diese in der Forschung bisher nur ansatzweise versuchte Kontextualisierung räumt zugleich das historische Mißverständnis aus, daß Fichte in seiner Spätphilosophie eine Theorie des Absoluten um des Absoluten und nicht mehr um des empirischen Bewußtseins willen entwickelt. Es gilt auf Basis einer transzendentalphilosophischen Rekonstruktion zu zeigen, daß es sich in der Spätphilosophie vornehmlich um eine gezielte Vertiefung bestimmter grundlegender Aspekte handelt, die die systematische Darstellung in der Grundlage von 1794 untermauern.

[Der Beitrag zum Wissensstand der Forschungsgemeinschaft] Insgesamt entwickele ich damit aus der Theorie Fichtes einen genuin transzendentalphilosophischen (und nicht metaphysisch oder naturalistisch bzw. neurowissenschaftlich fundierten) Beitrag zur Bewußtseinstheorie, der sich von allen gängigen materialistisch fundierten Theorien absetzt und diese hinsichtlich ihrer eigenen (methodischen) Voraussetzungen einholt. Die Ergebnisse meiner Arbeit ermöglichen es, in der Folge eine transzendentalphilosophische Theorie des Bewußtseins systematisch zu begründen, um somit die Schwierigkeiten der naturalistischen Methodik, die der idealrealistischen Struktur des empirischen Bewußtseins nicht gerecht wird, zu überwinden.

Im folgenden Textauszug aus dem Exposé mit dem Titel „Möglichkeiten und Grenzen der Beteiligung Privater an Aufgaben der allgemeinen

Sicherheitspolizei" von Udo Lett[22] verknüpft der Autor die Forschungslücke mit dem Beitrag zum Wissensstand der Forschungsgemeinschaft. Die Überschriften wurden von uns hinzugefügt.

Beispiel 53: Verknüpfung von Lücke und Beitrag

[Identifizierung der Forschungslücke] Anknüpfend an die obigen Bemerkungen ergibt sich für zukünftige Entstaatlichungsmaßnahmen die wissenschaftliche Forschungslücke einerseits aus der Notwendigkeit einer geordneten und systematischen Darstellung bisheriger Ergebnisse aus Judikatur, Literatur und der Verfassungs- und Verwaltungsreform im Rahmen des Österreich-Konvents, um durch diese Konsolidierung des bisher jeweils nur bruchstückhaft gebliebenen Fundaments eine Basis für die weitergehende wissenschaftliche Betrachtung zu schaffen. Auf dieser kann schließlich andererseits die bislang ebenfalls noch nicht näher ausgearbeitete Relevanz der Grundrechte auf die Zulässigkeit von Beteiligung an staatlichen Aufgaben herausgearbeitet werden. Dies soll entsprechend dem Titel der projektierten Arbeit am Beispiel der sicherheitspolizeilichen Aufgaben gemäß dem 2. Teil des SPG und der von diesen im speziellen betroffenen Grundrechte erfolgen.

[Beitrag zum Wissensstand der Forschungsgemeinschaft] Für eine exemplarische Darstellung des grundrechtlichen Einflusses auf die Entstaatlichungsproblematik eignen sich – abgesehen von der tagespolitischen Aktualität – die sicherheitspolizeilichen Aufgaben meines Erachtens deshalb besonders gut, da sich diese und die zu ihrer Erfüllung vorgenommenen Handlungen in sogenannte „eingriffsferne" (z. B. reiner Streifen- und Überwachungsdienst, Einholen von Auskünften sowie bloße Befragungen) und „eingriffsnahe" (z. B. Beendigung gefährlicher Angriffe sowie Schutzmaßnahmen, die in das Privat-, Familienleben

22 Udo Lett. Exposé „Möglichkeiten und Grenzen der Beteiligung Privater an Aufgaben der allgemeinen Sicherheitspolizei", Wien 2010. Online: http://juridicum.univie.ac.at/index.php?eID=tx_nawsecuredl&u=0&file=fileadmin/Formulare/expose/Lett_Udo_9503554_expose.pdf&t=1334227961&hash=664d80d61074df7606b1c423fa7d017, Seite besucht am 11.04.2012.

und in das Hausrecht eingreifen) gliedern lassen. Für die beabsichtigte Untersuchung bietet sich daher in diesem Bereich staatlicher Tätigkeit ein denkbar breites Spektrum. Die daraus gewonnenen Erkenntnisse können sich auch für Ausgliederungs- bzw. Privatisierungsmaßnahmen in anderen Bereichen als Erkenntnis fördernd erweisen.

In diesem Beispiel ist der Beitrag zum Wissensstand der Forschungsgemeinschaft nur implizit herauszulesen. Besser wäre es, den Beitrag bereits zu Beginn des zweiten Absatzes deutlicher herauszuarbeiten und stärker zu betonen. Auch geht nicht klar aus dem Text hervor, in welchem Bereich der Rechtswissenschaften der wissenschaftliche Beitrag anzusiedeln ist. Die Formulierung, dass sich mit der vorliegenden Untersuchung im Bereich staatlicher Tätigkeit „ein denkbar breites Spektrum" ergibt, ist zu vage und sollte genauer spezifiziert werden. Der letzte Satz liest sich als sekundärer Beitrag, der über den eigentlichen Beitrag der geplanten Forschungsarbeit hinaus besteht. Auch hier sollten die „anderen Bereiche", für die die aus dieser Arbeit gewonnenen Erkenntnisse hilfreich sein könnten, genauer beschrieben werden.

Im folgenden Beispiel 54 mit dem Titel „Qualität im Online-Journalismus. Identifizierung und Analyse journalistischer Online-Angebote in Österreich" wird der Beitrag zum Wissensstand der Forschungsgemeinschaft argumentativ aus der Lücke bzw. dem bestehenden Forschungsdesiderat entwickelt. Dabei fällt auch hier, wie in Beispiel 53, die sprachliche Ausformulierung des Beitrags etwas zu kurz aus. Die Überschriften wurden von uns hinzugefügt.

Beispiel 54: Lücke und Beitrag

[Allgemeine Hintergrundinformation zum Thema] Auch in Österreich lässt sich – wenn auch weniger dramatisch als in anderen Ländern – ein Rückgang der Zeitungsreichweiten in der Bevölkerung und bei bestimmten Altersgruppen beobachten (vgl. Stark / Karmasin 2009:370). Als Nachrichtenmedium gewinnt das Internet zeitgleich stark an Bedeutung: Etwa 40 Prozent der österreichischen Internetnutzer suchen regelmäßig die Webseiten von Zeitungen auf (vgl. ebd.).

[Beschreibung des Forschungsdesiderates] In der Kommunikationswissenschaft hat sich das Internet durch stetiges Wachstum von Publikum und Inhalten zu einem zentralen Forschungsgebiet entwickelt (vgl. Trappel 2007:115; Seibold 2002:45). Viele Fragen bleiben dabei bislang allerdings unbeantwortet – ganz besonderes in Bezug auf den Journalismus. Wahrscheinlich übertreibt man nicht, „wenn man behauptet, dass seit dem Entstehen der journalistischen Profession im 19. Jahrhundert [...] die Frage nach der Zukunft des Journalismus noch nie so bange gestellt worden ist" (Neuberger et al. 2009b:9).

Die zunehmende Bedeutung, die journalistischen Angeboten im Internet mittlerweile beigemessen wird, drängt auch die Kommunikationswissenschaft, sich genauer mit deren Inhalten und Qualitäten zu befassen. Gewissermaßen gilt dabei das gleiche, was Max Weber schon vor 100 Jahren in seiner Rede zum ersten deutschen Soziologentag für das Zeitungswesen forderte: Die Analyse massenmedialer Inhalte ist eine zentrale Aufgabe der Wissenschaft – auch wenn dabei heute nicht mehr „ganz banausisch [...] mit der Schere und mit dem Zirkel" (Weber 1988:441) vorgegangen werden muss.

[Beitrag zum Wissensstand der Forschungsgemeinschaft] Letztlich kann das geplante inhaltsanalytische Vorhaben auch einen Beitrag dazu leisten, das Phänomen „Online-Journalismus" und damit auch den so oft beschriebenen Wandel im Journalismus besser zu verstehen. Vor allem die Qualitätsforschung im Journalismus wird dabei durch neue empirische und theoretische Befunde erweitert.

Im folgenden weiteren Auszug aus dem Exposé mit dem Titel „Eine Ordnungslehre für Informationsmodelle" [23] aus dem Bereich Wirtschaftsinformatik stellt der Autor seinen Beitrag zum Wissensstand der Forschungsgemeinschaft unter die Überschrift „Einschätzung der Nutzungsmöglichkeiten und Grenzen".

23 Peter Fettke. Exposé „Eine Ordnungslehre für Informationsmodelle". Technische Universität Chemnitz. Online: http://www.qucosa.de/fileadmin/data/qucosa/documents/4436/data/2001_fettke_eine_ordnungslehre_fuer_informationsmodelle_dc_wi-if-2001.pdf, Seite besucht am 10.01.2012.

Beispiel 55: Zu erwartende Ergebnisse und Grenzen der Untersuchung

Die Ordnungslehre wird als ein Baustein einer allgemeinen Konstruktionslehre für betriebliche Informationssysteme verstanden. Es werden folgende Nutzungsmöglichkeiten für eine Ordnungslehre gesehen: – Strukturierung von Modell-Repositories: Ordnungssysteme bilden die Grundlage zur Ausgestaltung der Struktur von Modell-Repositories. – Wiederverwendung von Typ 2-Modellen: Die systematische und vollständige Erfassung vorhandener Typ 2-Modelle ermöglicht eine bessere Wiederverwendung der Typ 2-Modelle bei der Analyse, dem Entwurf und der Implementierung von Informationssystemen, in dem die Suche und Selektion von Modellen zielgerichtet unterstützt wird. – Normung von Typ 2-Modellen: Ordnungssysteme können die Grundlage zur Normierung von Modellen bilden. Die Bedeutung einer Klassifikation bei einer Modellnormung wird im Kontext der Prozessmodellierung auch von [DIN00, S. 2–4, 5–1 bis 5–8] herausgehoben. – Knowledge-Management: Ordnungssysteme können ein Instrument zum systematischen Management des in Typ 2-Modellen enthaltenen Domänen- bzw. Implementierungswissens darstellen.

Ferner sind einer Ordnungslehre folgende Grenzen gesetzt: – Die Qualität von Typ 2-Modellen muss durch geeignete Maßnahmen sichergestellt werden, um zu vermeiden, dass Typ 2-Modelle schlechter Qualität nachgewiesen werden. Hierbei ist es bspw. denkbar, Qualitätseigenschaften von Modellen (siehe bspw. [BRS95]) als Ordnungsmerkmale zu verwenden. Allerdings können Modelle nur schwer objektiv beurteilt werden. [Fran00, siehe insb. S. 349] – Eine Ordnungslehre gibt keine direkte Unterstützung bei der Konfiguration, Anpassung und Integration von Typ 2-Modellen. Die Unterstützung ist nur indirekt in der Art möglich, dass Modelle, die oft in einer bestimmten Weise konfiguriert werden, über spezifische Zugriffsmerkmale von schon vorhandenen Modellen abgegrenzt werden. – Die Klassifikation von Typ 2-Modellen ist aufwendig: Es ist schwierig, die in der Literatur vorhandenen Typ 2-Modelle ex post zu klassifizieren, da die zur Klassifikation notwendigen Angaben in der Beschreibung des Modells oft nur implizit oder gar nicht vorhanden sind. Indes kann dieses Problem künftig gemildert werden, indem bestimmte Merkmale schrittweise normiert werden, so dass künftige Ersteller von Typ 2-Modellen prinzipiell eine festgelegte Menge von Modelleigenschaften dokumentieren, um so das von ihnen erstellte Typ 2-Modell gegenüber vorhandenen abzugrenzen. – Ferner stellt sich bei der Klassifikation eines Typ 2-Modells die Frage nach einer adäquaten Granularität: Während eine grobgranulare Modellerschließung mit weniger Aufwand verbunden ist, ermöglicht eine feingranulare einen präziseren Zugriff auf die verzeichneten Modelle.

In diesem Beispiel wird ein anwendungsorientiertes Forschungsprojekt dargestellt. Daher ist es auch sinnvoll, den Beitrag zum Wissensstand der Forschungsgemeinschaft hauptsächlich an den zu erwartenden Ergebnissen zu orientieren. Vergessen Sie aber darüber hinaus nicht, den wissenschaftlichen Bereich zu nennen, für den diese Ergebnisse von Bedeutung sind. Den zu erwartenden Forschungsergebnissen können auch bestimmte Grenzen gesetzt sein. Ist dies wie hier der Fall, sollten sie aufgezeigt und falls möglich explizit benannt werden.

2.11 Der Zeitplan und die Arbeitsschritte

Damit die Person, die Ihr Exposé begutachtet, einschätzen kann, ob Sie auch in der Lage sind, Ihr Forschungsprojekt zeitlich realistisch zu planen, müssen Sie einen Zeitplan für Ihr Projekt erstellen. Dafür ist ein grober Zeitplan ausreichend, der die wichtigsten Arbeitsschritte (bzw. Tätigkeiten oder Arbeitspakete) enthält. Es wird von Ihnen nicht erwartet, für die Dauer von ein bis mehreren Jahren einen detaillierten Plan zu erstellen (wie es z. B. mit der Anwendungssoftware Microsoft Project möglich ist). Ihr Zeitplan sollte Ihr Forschungsvorhaben auf den ersten Blick möglichst übersichtlich, anschaulich und nachvollziehbar machen und nach den folgenden drei Aspekten gegliedert sein:

- Welche Inhalte, Tätigkeiten oder Arbeitsschritte enthält Ihr Projekt?
- Wie viel Zeit benötigen Sie für deren Durchführung?

- Welche Arbeitsschritte sind parallel durchführbar und welche müssen hintereinander ausgeführt werden?

Verwenden Sie für Ihren Zeitplan am besten eine einfache und anschauliche grafische Darstellungsform, z. B. eine Tabelle oder einen Balkenplan. Definieren Sie alle Tätigkeiten – wie z. B. das Recherchieren, das Anfertigen von Notizen, das Planen der Datenerhebung, das Sammeln der Daten, das Auswerten und Interpretieren, das Schreiben und Korrigieren etc. –, die Sie für die Durchführung Ihres Projekts brauchen. Planen Sie nicht in zu kleinen Zeiteinheiten, sondern in Monats- oder Vierteljahresschritten. Vermeiden Sie unbedingt eine zu starke Untergliederung des Zeitplans in Tage, denn eine Einhaltung eines solchen Zeitplans – projektiert auf mehrere Jahre – ist völlig unrealistisch. Schätzen Sie die Zeitspanne, die Sie für eine bestimmte Tätigkeit brauchen, möglichst realistisch auf der Basis eigener Erfahrung, indem Sie die Tätigkeiten in kleinere Portionen zerlegen, oder mithilfe der Erfahrung von Kolleginnen, Kollegen oder Ihrer Betreuungsperson. Stellen Sie die Zeitdauer dar, die Sie für die Durchführung einer Tätigkeit oder eines Arbeitspaketes brauchen, bis es beendet ist. Ein Interview kann z. B. nur eine Stunde dauern, aber bis Sie 20 Interviews durchgeführt haben, dauert es meist nicht nur 20 Stunden, sondern mitunter zwei Monate, da nicht alle Interviewpartnerinnen und -partner an jedem beliebigen Tag Zeit haben. Machen Sie deutlich, welche Arbeitsschritte voneinander abhängig sind, und bedenken Sie, dass Sie nicht alle Tätigkeiten streng hierarchisch (bzw. hintereinander) ausführen müssen, sondern dass sich manche Arbeiten auch sinnvoll parallel erledigen lassen.

Kommentieren Sie zu Beginn des Zeitplans in wenigen Worten die Arbeitspakete, die in Ihrem Zeitplan aufscheinen, und bringen Sie sie in eine logische Abfolge. Beschreiben Sie eventuell geleistete Vorarbeiten und stellen Sie diese vor den eigentlichen Zeitplan. Geben Sie am Anfang oder am Ende Ihres Zeitplans die Gesamtdauer an, die Sie für Ihr Projekt benötigen.

Wir beginnen hier ausnahmsweise mit verbesserungswürdigen Beispielen, um Ihnen die häufigsten Fehler beim Erstellen eines Zeitplans deutlich vor Augen zu führen. Das folgende Beispiel für einen Zeit- und

Arbeitsplan ist ein Auszug aus einem Exposé mit dem Titel „Die negative Koalitionsfreiheit im Europäischen Recht“ [24], das auf der Webseite http://doktorandenforum.de zu finden ist und aus dem Bereich Rechtswissenschaften stammt.

Beispiel 56: Zeitplan

Zeitlicher Arbeitsplan: Stand: 07.05.2007

04/2005 – 04/2007 Referendariat: in dieser Zeit erfolgten die Eingrenzung des Themas, erste Literaturrecherchen sowie (seit 01/2007) die Erstellung dieses Exposés. Außerdem habe ich bereits regelmäßig am Doktorandenkolleg von Prof. Maschmann teilgenommen

05/2007 Bereits erfolgt ist die Formatierung der Textverarbeitungs- und Literaturverwaltungssoftware

01.05.07 – 06.05.07 Aneignung vertiefter Kenntnisse über die fachgerechte Interpretation völkerrechtlicher Verträge (u. a. Wiener Vertragsrechtskonvention)

07.05.07 – 17.06.07 Gliederungspunkt B. I. 1): Interpretation des Art. 11 EMRK

18.06.07 – 15.07.07 Gliederungspunkt B. I. 2): Interpretation des Art. 11 Abs. 2 ESC

16.07.07 – 12.08.07 Gliederungspunkt B. I. 3): Interpretation des Art. 20 Abs. 2 AEMR

13.08.07 – 09.09.07 Gliederungspunkt B. I. 4): Interpretation des Art. 8 Abs. 1 IPwskR

10.09.07 – 07.10.07 Gliederungspunkt B. II. 1): Interpretation des Art. 28 EU Grundrechte-Charta bzw. des Art. II-12 des EU-Verfassungsentwurfes

08.10.07 – 04.11.07 Gliederungspunkte B. I. 2) und 3): Ermittlung, inwieweit die bislang gefundenen Ergebnisse durch Einbeziehung der

24 Martin Steffens. Exposé „Die negative Koalitionsfreiheit im Europäischen Recht“. 2007. Online: http://doktorandenforum.de/anfangen/expose-muster/expose_jura_koalitionsfreiheit.pdf, Seite besucht am 10.01.2012.

Gemeinschaftscharta der sozialen Grundrechte der Arbeitnehmer und der Erklärung des Europäischen Parlaments über Grundrechte und Grundfreiheiten betroffen sind

05.11.07 – 18.11.07 Gliederungspunkt B. III.: Rekapitulierung und Zusammenfassung der Ergebnisse aus dem ersten Teil

19.11.07 – 02.12.07 Gliederungspunkt C. I: Analyse der aufgetretenen Kollisionsprobleme

03.12.07 – 13.01.08 Gliederungspunkt C. I.: Entwicklung von Lösungen für die Kollisionsprobleme

14.01.08 – 27.01.08 Gliederungspunkt C. II.: Analyse, welche 17 arbeitsrechtlichen Probleme / Fragestellungen eine nähere Betrachtung anhand der gewonnenen Ergebnisse verdienen

28.01.08 – 24.02.08 Gliederungspunkt C. II.: Anwendung der gewonnenen Ergebnisse auf die zuvor ausgewählten Probleme / Fragestellungen

25.02.08 – 09.03.08 Gliederungspunkt D.: Rekapitulierung der Ergebnisse in der Gesamtschau, Aufstellen von Thesen und Zusammenfassung

10.03.08 – 20.04.08 Inhaltliche Überarbeitung

21.04.08 – 31.05.08 Fertigstellung des Manuskripts

In diesem Zeitplan beschreibt der Autor einleitend die Vorarbeiten, die bereits geleistet wurden, und gibt an, auf welchen zeitlichen Stand sich der Plan bezieht. Bei den einzelnen Arbeitsschritten handelt es sich um Tätigkeiten, die anschaulich skizziert werden. Die Bearbeitung der angegebenen Tätigkeiten ist jedoch punktgenau auf den Tag geplant und der Zeitplan enthält weder Pausen noch parallelisierbare Arbeitsschritte. Eine solch punktgenaue Planung ist unrealistisch und kaum einzuhalten, auch wenn es sich wie in diesem Fall „nur“ um die Zeitdauer von einem Jahr handelt. Ebenso fehlt die Angabe der Gesamtdauer des Projekts.

Das nächste Beispiel stammt aus einem Exposé mit dem Titel „Vernunftsystem und Irrationalität. Die Funktionen des Grenzbegriffs des Irrationalen zwischen Epistemologie und Ideologie in den Systemphilosophien zwischen 1808 und 1818“ [25], das im Fachbereich Philosophie verfasst wurde.

25 Kai Gregor. Exposé „Vernunftsystem und Irrationalität. Die Funktionen des Grenzbegriffs des Irrationalen zwischen Epistemologie und Ideologie in den

Beispiel 57: Zeitplan

Arbeits- und Zeitplan

Die Gliederung würde folgende Zeitplanung für die nächsten 24 Monate ab Juni 2007 erforderlich machen.

2 Monate	Konzipierung und Darstellung „Kant und die Methoden des Begreifen des Unbegreiflichen"
4 Monate	Darstellung „Systeme des Irrationalen", Schopenhauer: Die Welt als Wille und Vorstellung
	1 Monat: 2.1.1. Historische Einordnung und Genese
	1 Monat: 2.1.2. Erkenntnisvermögen
	1 Monat: 2.1.3. transzendentale Metaphysik
	1 Monat: 2.1.4. System und Funktionen des Irrationalen
4 Monate	Darstellung „Systeme des Irrationalen", Schelling: Die Freiheitsschrift
	1 Monat: 3.1.1. Historische Einordnung und Genese
	1 Monat: 3.1.2. Epistemologie
	1 Monat: 3.1.3. Freiheitsschrift als Ontologie des Wissens
	1 Monat: 3.1.4. System und Funktionen des Irrationalen
5 Monate	Darstellung „Systeme des Irrationalen", Fichte: Die Wissenschaftslehre 1812
	1 Monat: 4.1.1. Historische Einordnung und Genese
	1 Monat: 4.1.2. Die Wissenschaftslehre von 1812
	2 Monate: 4.1.3. Fichtes Meta-Metaphysik
	1 Monat: 4.1.4. System und Funktionen des Irrationalen
2 Monate	Darstellung des 2. Kapitels: Die Identifikationsperspektive
	1 Monat: II.1., II.2., II.3. Die Standpunkte
	1 Monat: II.4. Kritische Potentiale

Systemphilosophien zwischen 1808 und 1818". Online: www.christoph-asmuth.de/content/allgemein/content/medien/Gregor_Expose_Diss.pdf, Seite besucht am: 10.10.2009.

4 Monate	1 Monat: Darstellung des 3. Kapitels: Die selbstreferenzielle Interpretationskritik
	1 Monat: III.1. Begründungsprobleme
	1 Monat: III.2. Die Meta-Philosophie: Vorrang des transzendentalen Ansatzes
	1 Monat: III. 3. Meta-Ideologie Fichtes:
	1 Monat: III. 4. Formen und Funktionen des Irrationalen bei Schopenhauer, Schelling und Fichte
2 Monate	Erweiterung und Überarbeitung des kritischen Apparates
	1 Monat: Überarbeitung, Kürzung, Redaktion
	1 Monat: Einleitung, Nachwort, Korrekturen

Insgesamt sind 24 Monate für das gesamte Dissertationsprojekt veranschlagt.

Dieser Zeitplan ist auf Monatsbasis geplant, was bei Weitem realistischer scheint als im vorangegangenen Beispiel. Auch die Gesamtdauer des Projekts bzw. der verbleibenden Projektdauer ist angegeben und ermöglicht einen raschen Überblick. Einige Fehler sind jedoch anzumerken: Bei den meisten Inhalten, die als Arbeitsschritte angeben wurden, handelt es sich nicht um Tätigkeiten. „Erkenntnisvermögen" oder „transzendentale Metaphysik" sind keine Tätigkeiten, sondern Überschriften aus dem vorläufigen Inhaltsverzeichnis der geplanten Arbeit. Auch wenn es in einer philosophischen Arbeit eventuell leichter möglich ist, das Forschungsprojekt linear Kapitel für Kapitel abzuarbeiten, scheint es dennoch unrealistisch, dass keinerlei Tätigkeiten parallelisiert werden können. Außerdem ist es nicht nachvollziehbar, dass Arbeitsschritte wie Recherche, kritisches Vergleichen und Kommentare sowie Überarbeitungsschritte nur am Ende und nicht innerhalb der einzelnen Kapitel Teil der Projektarbeit sind. Dieser Zeitplan erweckt eher den Eindruck, der Autor hätte sein vorläufiges Inhaltsverzeichnis mit der Dauer in Monaten versehen, die er für die Bearbeitung jedes Unterkapitels veranschlagt. Dabei ist auffällig, dass er für fast jeden Arbeitsschritt exakt einen Monat beansprucht. Auch wenn es oft schwierig ist, die Dauer zu schätzen, die Sie für einen Arbeitsschritt benötigen, sollten Sie sich dennoch die Mühe machen, dies auf einer möglichst realistischen Basis zu tun. Machen Sie daher nicht den Fehler, ausschließlich auf Basis Ihres vorläufigen Inhaltsverzeichnisses zu planen, denn das Inhaltsverzeichnis bildet das Endprodukt, d. h. die geschriebene Arbeit, ab und enthält keine Tätigkeiten, die aber zentraler Bestandteil jedes Forschungsprojekts sind.

Die folgenden zwei Beispiele sind nach den eingangs genannten Kriterien verfasst und können als gute Vorlagen verwendet werden. Beispiel 58 stammt aus dem Exposé mit dem Titel „Methoden der Relevanzmarkierung im Rahmen der kommunikativen Darstellung von Angst" von Marlene Sator, das für einen Stipendiumsantrag eingereicht wurde. Wir haben den Zeitplan leicht adaptiert, um die einzelnen Arbeitsschritte deutlich zu machen.

Beispiel 58: Zeitplan

Arbeitsschritte und Zeitplan:

Beantragt werden 24 Monate. Aufgrund diverser Vorarbeiten (Diplomarbeit, ZiF-Stipendium) erscheint die Durchführung des Vorhabens im angegebenen Zeitraum realistisch. Hier nun ein grober Überblick über die geplanten Arbeitsschritte und die jeweils dafür veranschlagte Zeit:

	Arbeitsschritte	Veranschlagte Zeit
parallel	Weitere Aufbereitung des Datenmaterials: • Linguistische Transkription der restlichen, bis zum Antritt des Stipendiums evtl. noch nicht transkribierten Gespräche (erweiterte GAT-Basistranskription) • Korrektur von bereits erstellten Transkripten sowie ggf. Verfeinerung hinsichtlich spezifischer, für die Fragestellungen der Arbeit zu erfassender Interaktionsphänomene (insbesondere im Bereich von Mimik und Gestik, aber auch stimmliche Phänomene, Akzentsetzung etc.)	4 Monate
	Erste Sichtung des Datenmaterials in Hinblick auf Gewichtungsstrukturen (inkl. erste Fallanalysen)	
	Weiterführende Literaturrecherche, -aufarbeitung und -aufbereitung	
parallel	Analyse der einzelnen Gespräche (Gesamt: 14 Gespräche; pro Gespräch ca. 2 Wochen)	7 Monate
	Ausarbeitung des theoretischen Modells zur Beschreibung und Analyse von Relevanzmarkierungen	2 Monate
	Vergleichende Analyse der Gespräche	2 Monate
	Schreiben des Theorieteils	4 Monate
	Schreiben des Empirieteils	3 Monate
	Reflexionsphase: Überdenken, Überarbeiten, Korrekturlesen, Layoutieren	2 Monat
	Gesamt	**24 Monate**

In diesem Beispiel sind alle Kriterien für einen guten Zeitplan erfüllt. Bereits geleistete Vorarbeiten wurden erwähnt (auch wenn deren Beschreibung eventuell etwas detaillierter hätte ausfallen können). Die Gesamtdauer der veranschlagten Zeit wurde angegeben und es wurde auf Monatsbasis geplant. Die Tätigkeiten sind nachvollziehbar skizziert und deren lineare oder parallele Ausführung geht aus dem Zeitplan hervor. Die grafische Darstellung im Tabellenformat ist übersichtlich und ermöglicht eine leichte Orientierung auf den ersten Blick.

Der folgende Zeitplan stammt aus dem Exposé mit dem Titel: „Schülervorstellungen zum Thema Elektromagnetische Strahlung. Empirische Befunde und deren Konsequenzen für den Physikunterricht“ von Susanne Neumann. Dieser Zeitplan ist sehr detailliert ausgeführt und enthält neben den wichtigsten Tätigkeiten auch Tagungsaufenthalte. Die grafische Darstellung wurde von uns leicht angepasst.

Beispiel 59: Zeitplan

Das Dissertationsvorhaben kann in mehrere Arbeitspakete (WP 1 – WP 6) gegliedert werden:

WP 1: Literaturrecherche, Aktueller Stand der Forschung
WP 2: Kompetenzerweiterung (Lehrgänge, Kurse ...)
WP 3: Arbeitsschritte zur Behandlung von Forschungsfrage 1 (Assoziationen von Kindern und Erwachsenen zum Thema Strahlung; Methodik: Analyse von Kinderzeichnungen und Kurzfragebögen) – Publikation I
WP 4: Arbeitsschritte zur Behandlung von Forschungsfrage 2 und 3 (Vorstellungen von Schüler/innen und Erwachsenen zum Thema Strahlung, insbesondere über vermutetes Gefahrenpotenzial und den Zusammenhang zwischen verschiedenen Strahlungsarten, Methodik: halbstrukturierte Interviews) – Publikation II
WP 5: Arbeitsschritte zur Behandlung von Forschungsfrage 4 (Misskonzepte über Strahlung; Methodik: umfassender Fragebogen) – Publikation III
WP 6: Synthese und Reflexion

Im Folgenden ein Überblick über den geplanten Ablauf des Dissertationsvorhaben, gegliedert in die jeweiligen Arbeitsschritte der WPs:

Zeitraum	WP 1	WP 2	WP 3	WP 4	WP5	WP6
Sept. – Dez. 2009	Recherche	PhD-Einführung, EndNote, Exposé-Erstellung				
Dez. 2009		SPSS-Kurs	Erstellung der Kurzfragebögen, Akquirierung von Schulklassen			
Jan 2010			Implementierung	Erstellung eines Interviewleitfadens		
Feb. – März 2010		Wissenschaftlicher Schreibworkshop	Analyse	Probeinterviews		
April – Juli 2010		Präsentieren	Verfassen von Publikation I	Durchführung der Interviews		
Anfang Juli 2010	AECC-*SummerSchool für Doktorand / innen (Spital / Pyrhn)*					
Ende Juli 2010	ESERA-*Doktoranden-Tagung (Udine, Italien)*					
Juli – Okt. 2010		Wissenschaftssprache Englisch		Transkription, Analyse		
Sept. 2010	GDCP-*Tagung (Potsdam, Deutschland)*					
Nov. – Dez. 2010					Entwicklung des Fragebogens zu Fehlvorstellungen	

Zeitraum	WP 1	WP 2	WP 3	WP 4	WP5	WP6
Jan. 2011					Ansuchen um Genehmigung beim Stadtschulrat	
Jan. – März 2011				Verfassen von Publikation II		
April – Juni 2011					Durchführung der Erhebung	
Juli – Sept. 2011					Analyse der Fragebögen	
Okt. – Nov. 2011					Verfassen von Publikation III	
Dez. – Juni 2012						Synthese, theoretische Reflexion

2.12 Die Auswahlbibliografie

Ihre erste Auswahlbibliografie sollte eine Liste themenspezifischer relevanter wissenschaftlicher Literatur enthalten. Mit dieser ersten Auswahl können Sie zeigen, dass Sie bereits wissen, worauf Sie sich in Ihrer Arbeit konzentrieren wollen und welche Literatur dafür unbedingt bearbeitet werden muss. Die Liste der relevanten Literatur sollte daher nicht zu weit gefasst werden, sondern möglichst punktgenau Ihr Thema treffen.

Diese Auswahlbibliografie enthält alle Werke, die Sie in Ihrem Abschnitt zum „aktuellen Forschungsstand" erwähnt haben, sowie Quellenangaben zu Theorien und Methoden, die Sie für Ihre Untersuchung verwenden werden. Auch wenn Sie Primärdaten für Ihre Arbeit verwenden (z. B. in der Literaturwissenschaft), sollten Sie diese in der Auswahlbibliografie unter einer eigenen Überschrift (z. B. Primärliteratur) angeben.

Im Gegensatz zu einer Abschlussarbeit, in der in der Bibliografie nur Quellen stehen, die im Text referenziert werden, kann die Auswahlbibliografie Ihres Exposés auch Werke enthalten, die Sie in Ihrem Exposé nicht erwähnen. Gehen Sie mit diesen zusätzlichen Literaturangaben allerdings eher sparsam um.

Das Format der Auswahlbibliografie ist von Fach zu Fach verschieden und richtet sich nach den Zitierkonventionen der jeweiligen Disziplin. Grundsätzlich wird zwischen „Harvard Style" (ohne Fußnoten) und „Chicago Style" (mit Fußnoten) unterschieden. In den Naturwissenschaften und in der Technik sind zum Teil nummerierte Literaturangaben mit eckigen Klammern [] in der Referenzliste üblich. Literaturverwaltungsprogramme (wie z. B. „Endnote", "Citavi", „reference manager", „zotero") erleichtern Ihnen die Verwaltung von Literaturangaben vom Beginn Ihrer Arbeit an. Manche dieser Programme erhalten Sie von Ihrer Universität im Rahmen einer ermäßigten Lizenz für Studierende; „zotero" ist ein frei erhältliches Programm (www.zotero.org.). Bevor Sie sich für die Verwendung eines dieser Programme entscheiden, sollten Sie sich über die jeweils gebotenen Programmfunktionen informieren (und vielleicht auch Kolleginnen und Kollegen nach deren Erfahrungen fragen), denn ein Wechsel zwischen diesen Programmen ist oft mühsam, wenn Sie bereits begonnen haben, Ihre Bibliografie in einem System anzulegen.

Im Folgenden finden Sie drei gekürzte Beispiele für Literaturlisten aus den Fächern Sprachwissenschaft, Philosophie und Wirtschaftsinformatik:

Beispiel 60: Literaturliste nach „Harvard Style“

Antos, Gerd (1997). Texte als Konstitutionsform von Wissen. Thesen zu einer evolutionstheoretischen Begründung der Textlinguistik. In Gerd Antos & Heike Tietz (Eds.), *Die Zukunft der Textlinguistik. Traditionen, Transformationen, Trends* (pp. 53–65). Tübingen: Niemeyer.

Augst, Gerhard, & Faigel, Peter (1986). *Von der Reihung zu Gestaltung. Untersuchungen zur Ontogenese der schriftsprachlichen Fähigkeiten von 13–23 Jahren.* Frankfurt / Main: Peter Lang.

Augst, Gerhard, Disselhoff, Katrin, Henrich, Alexandra, Pohl, Thorsten, & Völzing, Paul-Ludwig (2007). *Text – Sorten – Kompetenz. Eine echte Longitudinalstudie zur Entwicklung der Textsortenkompetenz im Grundschulalter.* Frankfurt / Main: Peter Lang.

Barton, David, & Hamilton, Mary (1998). *Local Literacies: Reading and Writing in One Community.* London: Routledge.

Baynham, Mike, & Prinsloo, Mastin (2009a). Introduction: The future of literacy studies. In Mike Baynham & Mastin Prinsloo (Eds.), *The future of literacy studies* (pp. 1–21). Houndsmills Basingstoke: Palgrave MacMillan.

Baynham, Mike, & Prinsloo, Mastin (Eds.). (2009b). *The future of literacy studies.* Houndsmills Basingstoke: Palgrave MacMillan.

Bazerman, Charles, Little, Joseph, Bethel, Lisa, Chavkin, Teri, Fouquette, Danielle, & Garufis, Jane (2005). *Reference guide to writing across the curriculum.* West Lafayette: Parlor Press.

Berkenkotter, Carol, & Huckin, Thomas (1995). *Genre knowledge in disciplinary communication.* Hilldale, NJ: Erlbaum.

Bernstein, Basil (1990). *The Structuring of Pedagogic Discourse: Class Codes & Control, vol.* IV. London: Routledge.

Bernstein, Basil (1996). *Pedagogy, Symbolic Control and Identity.* London: Taylor & Francis.

Bhatia, Vijay K. (2004). *Worlds of Written Discourse. A Genre-Based View.* London: continuum.

Biber, Douglas, Connor, Ulla, & Upton, Thomas (2007). *Discourse on the Move: Using Corpus Analysis to Describe Discourse Structure.* Cambridge: Cambridge University Press.

Britton, James, Burgess, Tony, Martin, Nancy, McLeod, Alex, & Rosen, Harold (1975). *The development of writing abilities (11–18).* Houndsmills Basingstoke: MacMillan Education.

Eggins, Suzanne, & Martin, James R. (1997). Genres and Registers of Discourse. In Teun van Dijk (Ed.), *Discourse Studies. Discourse as Structure and Process* (Vol. 1, pp. 230–257). London et al.: Sage.

Ehlich, Konrad (1981). Zur Analyse der Textart ‚Exzerpt'. In W. Frier (Ed.), *Pragmatik. Theorie und Praxis* (pp. 379–401). Amsterdam: Rodopi.

Ehlich, Konrad (1983). Text und sprachliches Handeln. In Aleida Assmann, Jan Assmann & Christof Hardmeier (Eds.), *Schrift und Gedächtnis* (pp. 24–43). München: Fink.

Beispiel 61: Literaturliste mit einer Aufteilung nach Primär- und Sekundärquellen[26]

Primärquellen:

Fichte, Johann Gottlieb, Grundlage der gesamten Wissenschaftslehre als Handschrift für seine Zuhörer (1794), in: *Fichte-Gesamtausgabe der Bayerischen Akademie der Wissenschaften.* Bd. I, 2. (Hg.) Lauth, Reinhard und Jacob, Hans. Bad Cannstatt 1965, S. 251–451.

Idem, Grundriß des Eigentümlichen der Wissenschaftslehre (1795), in: *Fichte-Gesamtausgabe der Bayerischen Akademie der Wissenschaften.* Bd. I, 3. (Hg.) Lauth, Reinhard und Jacob, Hans. Bad Cannstatt 1965, S. 137–208.

Idem, Versuch einer neuen Darstellung der Wissenschaftslehre (1797), in: *Fichte-Gesamtausgabe der Bayerischen Akademie der Wissenschaften.*

26 Patrick Grüneberg. Exposé „Von der Objektivation zur Genese. Bewußtseinsphilosophie in methodenkritischer Perspektive". Berlin. Online: www.christoph-asmuth.de/content/allgemein/content/medien/Grueneberg_Expose_Diss.pdf, Seite besucht am 10.01.2012.

Bd. I, 4. (Hg.) Lauth, Reinhard und Jacob, Hans. Bad Cannstatt 1965, S. 183–281.

Idem, Wissenschaftslehre Erlangen 1805, in: *Fichte-Gesamtausgabe der Bayerischen Akademie der Wissenschaften.* Bd. II, 9. (Hg.) Lauth, Reinhard und Jacob, Hans. Bad Cannstatt 1965, S. 179–311.

Idem, Briefe, in: *Fichte-Gesamtausgabe der Bayerischen Akademie der Wissenschaften.* Bd. III, 1–3. (Hg.) Lauth, Reinhard und Jacob, Hans. Bad Cannstatt 1965.

Idem, *Vom Verhältnis der Logik zur wirklichen Philosophie, als ein Grundriss der Logik, und eine Einleitung in die Philosophie.* Bad Cannstatt 1965. [unveröffentlicht]

Idem, Wissenschaftslehre von 1811, in: *Fichte-Gesamtausgabe der Bayerischen Akademie der Wissenschaften.* Bd. II, 12. (Hg.) Lauth, Reinhard und Jacob, Hans. Bad Cannstatt 1965.

Kant, Immanuel, *Kritik der reinen Vernunft.* Hamburg 1990.

Spinoza, Baruch de, *Ethik. Aus dem Lateinischen von Jakob Stern.* Leipzig 1975.

Sekundärliteratur zu Fichte und Kant:

Albert, Hans, *Traktat über kritische Vernunft.* Tübingen 1968.

Altmann, M. C., Idealism is the only possible philosophy: systematicity and the fichtean fact of reason, in: *Idealistic Studies* 31 (2002), S. 1–31.

Asmuth, Christoph, Die Lehre vom Bild in der Wissenstheorie Johann Gottlieb Fichtes, in: *Sein – Reflexion – Freiheit. Aspekte der Philosophie Johann Gottlieb Fichtes.* Amsterdam, Philadelphia/Pa 2002, S. 255–284.

Idem, Von der Kritik zur Metaphysik. Der transzendentalphilosophische Wendepunkt Kants und dessen Wende bei Fichte, in: *Umbrüche. Historische Wendepunkte der Philosophie von der Antike bis zur Neuzeit. Festschrift für K. Flasch zu seinem 70. Geburtstag.* (Hg.) Kahnert, K. und Mojsisch, Burkhard. Amsterdam, Philadelphia/Pa 2001, S. 167–187.

Beeler-Port, Josef, Zum Stellenwert der Grundlage aus der Sicht von 1804. Eine Interpretation des Wechsels von analytisch-synthetischer und genetischer Methode im § 5 der Grundlage, in: *Fichte-Studien* 10 (1997), S. 335–350.

Beispiel 62: Literaturliste mit Klammern [ ] aus dem Fachbereich Wirtschaftsinformatik[27]

[Beck95] Becker, J.: Strukturanalogien in Informationsmodellen – Ihre Definition, ihr Nutzen und ihr Einfluß auf die Bildung der Grundsätze ordnungsmäßiger Modellierung (GoM). In: W. König (Hrsg.): Wirtschaftsinformatik '95 – Wettbewerbsfähigkeit, Innovation, Wirtschaftlichkeit. Heidelberg 1995, S. 133–150.

[BRS95] Becker, J.; Roseman, M.; Schütte, R.: Grundsätze ordnungsmäßiger Modellierung. In: Wirtschaftsinformatik 37 (1995) 4, S. 435–445.

[BeSc96] Becker, J.; Schütte, R.: Handelsinformationssysteme. Landsberg / Lech 1996.

[Bode99] Bodendorf, F.: Wirtschaftsinformatik im Dienstleistungsbereich. Berlin et al. 1999.

[Brau99] Braun, M.: Ausdifferenzierung eines Componentware-PPS-Systems in Richtung auf Branchen und Betriebstypen. Diss., Universität Erlangen-Nürnberg, Erlangen-Nürnberg 1999.

[DIN00] DIN Deutsches Institut für Normung e. V. (Hrsg.): Geschäftsprozessgestaltung – Typisierung und Modellierung (DINFachbericht 80). Berlin, Wien, Zürich 2000.

[FeLo00] Fettke, P.; Loos, P.: Komponentendokumentationen – Eine systematische Bewertung von Ordnungssystemen aus formaler Sicht. In: K. Turowski (Hrsg.): Modellierung und Spezifikation von Fachkomponenten: Workshop im Rahmen der MobIS 2000 Modellierung betrieblicher Informationssysteme, Siegen, Deutschland, 12. Oktober 2000, Tagungsband. Siegen 2000, S. 51–70.

[Fowl97] Fowler, M.: Analysis Patterns: Reusable Object Models. Menlo Park, CA 1997.

[Fran00] Frank, U.: Modelle als Evaluationsobjekt – Einführung und Grundlegung. In: L. J. Heinrich; I. Häntschel (Hrsg.): Evaluation

27 Peter Fettke. Exposé „Eine Ordnungslehre für Informationsmodelle". Technische Universität Chemnitz. Online: www.qucosa.de/fileadmin/data/qucosa/documents/4436/data/2001_fettke_eine_ordnungslehre_fuer_informationsmodelle_dc_wi-if-2001.pdf, Seite besucht am 10.01.2012.

und Evaluationsforschung in der Wirtschaftsinformatik – Handbuch für Praxis, Lehre und Forschung. München, Wien 2000, S. 339–352.
[Fres80] Frese, E.: Aufgabenanalyse und -synthese. In: E. Grochla (Hrsg.): Handwörterbuch der Organisation. 2. Aufl., Stuttgart 1980, S. 207–217.
[Gabl00] Gabler (Hrsg.): Gabler Wirtschaftslexikon. Bd. 1, 15. Aufl., Wiesbaden 2000.
[Gaus95] Gaus, W.: Dokumentations- und Ordnungslehre – Theorie und Praxis des Information Retrieval. 2. Aufl., Berlin et al. 1995.

2.13 Die häufigsten Fehler beim Verfassen von Exposés

Zum Abschluss dieses Kapitels wollen wir zusammenfassend nochmals darauf eingehen, worauf Sie beim Verfassen Ihres Exposés besonders achten sollten. Dafür beschreiben wir in Kürze die häufigsten Fehler, die passieren, bzw. die häufigsten Gründe, warum ein Exposé der Begutachtung nicht standhält.

Fehler 1:
Das Thema Ihrer Arbeit ist zu breit angelegt und die Fragestellung zu ungenau formuliert. Dies ist ein sehr häufiger Grund für die Ablehnung von Exposés. Manche Themen sind so formuliert, dass sich daraus zwei oder drei Forschungsprojekte ergeben könnten. Wenn Sie sich zu Beginn Ihres Projekts alles offenlassen, was auf den ersten Blick ganz praktisch erscheinen mag, dann wissen Sie allerdings auch nicht, wohin Sie gehen. In diesem Fall kann daher nicht abgeschätzt werden, ob Sie Ihr Forschungsprojekt in einer angemessenen Zeit abschließen werden bzw. ob das Projekt wissenschaftlich relevante Ergebnisse liefern wird.

Fehler 2:
Sie haben nicht die richtige Methode gewählt, mit der Sie die Fragestellung beantworten können. Für jede Forschungsfrage bzw. für jede Hypothese, die Sie formulieren, müssen Sie eine adäquate Methode finden, mit der Sie diese beantworten bzw. überprüfen können. In vielen Exposés tritt der Fehler auf, dass Forschungsfragen formuliert werden,

aber eine passende Methode nicht dargestellt wird, mit der sich diese Frage beantworten ließe. Auch werden oft zu viele Forschungsfragen aufgestellt bzw. Fragen zu breit angelegt. Überlegen Sie sich daher immer, sobald Sie eine Frage oder eine Hypothese formulieren, gleich die passende Methode dazu. Außerdem sollten Sie sich gleich überlegen, welche Daten Sie für die Durchführung Ihrer Untersuchung benötigen und ob Sie auch sicher Zugang zu diesen Daten bekommen. Besprechen Sie Fragestellung, Hypothesen und Methodenwahl immer auch mit Ihrer Betreuungsperson, nachdem Sie eine erste Skizze angefertigt haben.

Fehler 3:
Bei Forschungsprojekten auf hohem Niveau (Dissertationen, Forschungsanträge) ist der wissenschaftliche Beitrag, den Sie mit Ihrer Forschung leisten, zentraler Bestandteil Ihres Exposés. Als fortgeschrittene Forscherin oder fortgeschrittener Forscher müssen Sie diese Eigenleistung deutlich hervorheben und Ihren Kolleginnen und Kollegen klar machen, wie Sie mit Ihrer Forschung Ihre Disziplin voranbringen. Wenn aus Ihrem Exposé nicht hervorgeht, worin dieser Beitrag besteht und wie er Ihre Wissenschaftsgemeinschaft bereichern könnte, lässt sich Ihr Forschungsprojekt nur schwer „verkaufen".

Neben diesen „großen" Fehlern gibt es natürlich auch noch „kleinere" Fehler, die Sie machen können: Beispielweise wenn Sie vergessen, eine Studie zu erwähnen, die für Ihr Forschungsprojekt relevant sein könnte. Im Normalfall werden Sie bei genauer Recherche und nochmaliger Überprüfung der Literaturliste durch Ihre Betreuungsperson die wichtigsten Studien nicht übersehen. Sollte dies dennoch vorkommen und man Sie darauf aufmerksam machen, nehmen Sie den Hinweis dankend an und ergänzen Sie Ihre Liste. Passen Sie auch auf, keine formalen Fehler zu begehen, indem Sie z. B. schlampig zitieren oder vergessen, Literaturangaben zu machen.

Wenn Sie all dies berücksichtigen, sollte der positiven Begutachtung Ihres geplanten Forschungsprojekts nichts mehr im Wege stehen.

3. Förderungsanträge

Da sich dieser Leitfaden auch an Jungwissenschaftlerinnen und Jungwissenschaftler richtet, werden im Folgenden Tipps und Ratschläge für Projektanträge jüngerer Forscher und Forscherinnen gegeben. Dabei beschränken sich die folgenden Ausführungen auf das Verfassen von Anträgen für Doktorats- und Post-Doc-Forschungsprojekte im Bereich der Grundlagenforschung, da der weite Bereich der industrie- bzw. wirtschaftsnahen angewandten Forschung auf den hier zur Verfügung stehenden Seiten nicht abgedeckt werden kann. Auch auf institutionalisierte finanzielle Förderungen für Diplomarbeiten wird – da kaum vorhanden – hier nur am Rande eingegangen (Diplomarbeiten können u. U. im Rahmen von geförderten Forschungsprojekten verfasst werden, dann erfolgt die Antragstellung aber nicht durch die Diplomandin bzw. den Diplomanden, sondern durch die Projektleiterin bzw. den Projektleiter). Darüber hinaus beschränken sich die folgenden Ausführungen auf die Situation in den deutschsprachigen Ländern (Deutschland, Österreich, Schweiz).

3.1 Wer kann gefördert werden?

Stipendien können Sie für das Verfassen einer Dissertation und häufig auch für Auslandsaufenthalte bzw. Forschungsprojekte, die zumindest zum Teil im Ausland durchgeführt werden sollen, beantragen. Darüber hinaus gibt es Stipendien für bestimmte Zielgruppen (Frauen, ausländische Wissenschaftlerinnen und Wissenschaftler, die für eine bestimmte Zeit in einem Zielland forschen wollen, Post-Docs etc.) und für bestimmte Themenfelder (Kulturwissenschaften etc.). Für den Bezug von Stipendien gibt es häufig Altersgrenzen, da sie in der Regel zur Förderung des wissenschaftlichen Nachwuchses gedacht sind (Details dazu erfahren Sie bei den jeweiligen Förderungsinstitutionen). Als Stichtag für das Erreichen der Altersgrenze gilt üblicherweise der Einreichtermin (d. h., Sie dürfen die Altersgrenze beim Einreichen des Antrags für das betreffende Stipendium noch nicht überschritten haben). Beachten Sie dabei, dass Sie dann, wenn Sie die Altersgrenze während des Begutachtungsverfahrens überschreiten, Ihren Antrag bei einer ersten Ablehnung nicht überarbeiten und wieder einreichen können. Inhaltliche, strukturelle oder sprachliche Überarbeitungen können aber sinnvoll und notwendig für eine Wiedereinreichung sein. Wenn Sie also die Chance auf eine Stipendienzuerkennung wahren wollen, sollten Sie so frühzeitig einreichen, dass Sie auch im Falle einer zweiten Antragstellung eine etwaige Altersgrenze noch nicht überschritten haben.

Sind Sie bereits promoviert und wollen weiterhin in der Wissenschaft tätig bleiben (auch wenn Sie keine Anstellung an einer Universität oder Forschungseinrichtung haben), so können Sie als Selbstantragstellerin bzw. Selbstantragsteller die Förderung eines Forschungsprojekts beantragen. Bei diesen sogenannten „Post-Doc"-Projektförderungen kann es sein, dass ihr Promotionstermin nicht zu weit zurückliegen darf, das ist allerdings nicht immer der Fall. Sowohl für Stipendien wie auch für die Projektförderung kann es weitere Einschränkungen geben, auf die weiter unten eingegangen wird.

3.2 Wer fördert?

Auf diese Frage kann es keine endgültige Antwort geben, denn gerade im Bereich der Forschungsstipendien gibt es eine Vielzahl von Förderungen auf regionaler und kommunaler Ebene, die laufend angepasst, erweitert oder gekürzt werden. Das heißt, Länder und Kommunen vergeben häufig Stipendien für Forschungsprojekte (Dissertationen), die einen relevanten Bezug zur jeweiligen Stadt oder zum jeweiligen Land haben. Dieser Bezug muss nicht immer im engen Sinn geografisch oder historisch sein. Auch Universitäten vergeben häufig Forschungsstipendien für Dissertationen bzw. für einzelne Arbeitsphasen einer Dissertation (Beginn oder

Abschluss, Auslandsaufenthalte im Rahmen der Dissertation). Die erste Anlaufstelle für Informationen bezüglich solcher Stipendien sollte immer Ihre Heimatuniversität sein (also die Universität, an der Sie Ihre Dissertation schreiben oder geschrieben haben). Denn die meisten Universitäten haben heutzutage eigene Abteilungen, die über Forschungsförderungsmöglichkeiten informieren (sowohl im Internet als auch in persönlichen Beratungen). Wollen Sie sich um ein Dissertationsstipendium bewerben, empfiehlt es sich auch, Kontakt zu Ihrer Betreuungsperson aufzunehmen, da diese meist weiß bzw. beurteilen kann, für welches Stipendium Ihre Arbeit infrage kommen könnte. Lokale Stipendien und Projektförderungen sind allerdings fast nie kostendeckend, d. h., Reisekostenzuschüsse sind oft gedeckelt und monatliche Unterstützungen sind so niedrig angesetzt, dass Sie nicht ohne zusätzliche Finanzierungsquellen davon leben können. Bevor Sie sich dem doch oft beträchtlichen Aufwand des Einreichverfahrens unterziehen, sollten Sie sich deshalb immer über die Höhe der jeweiligen Förderung informieren sowie darüber, ob sie gegebenenfalls mit einer anderen Förderung bzw. einem anderen Stipendium kombinierbar ist (was nicht immer der Fall sein muss).

Neben diesen lokalen, meist gering dotierten Stipendien und Forschungsförderungen gibt es auch Dissertations- und Projektförderungen, die es Ihnen für einige (meist zwei bis drei) Jahre ermöglichen, sich ohne weiteres Einkommen auf die Forschungsarbeit zu konzentrieren, und häufig (aber nicht immer) ihre Sozialversicherung gewährleisten. Diese Förderungen werden auf nationaler Ebene von den nationalen Forschungsförderungsgesellschaften sowie von einigen großen nationalen Stiftungen und Institutionen vergeben, auf europäischer Ebene vom „European Research Council“. Die Einreichverfahren bei diesen Institutionen sind selbstverständlich individuell verschieden und können auf den jeweilige Homepages eingesehen werden (Linkliste am Ende dieses Abschnitts). Im Folgenden werden lediglich die Stipendien- bzw. Projektförderungsarten der einzelnen Institutionen sowie die allgemeinen Charakteristika der überall bei der Mittelvergabe eingesetzten Peer-Review-Verfahren beschrieben. Auf die Möglichkeit der finanziellen Förderung von Dissertationen und Diplomarbeiten im Rahmen von Forschungsprojekten wird in der Folge nicht näher eingegangen, weil diese Förderungsart keinen eigenständigen Förderungsantrag von Ihrer Seite voraussetzt (dieser wird in der Regel von der Projektleiterin bzw. dem Projektleiter gestellt).

An vielen Universitäten in Deutschland, Österreich und der Schweiz gibt es seit einigen Jahren sogenannte Graduierten-, DoktorandInnen- oder ProDoc-Kollegs, -Programme oder -Schulen. Dabei handelt es sich um thematisch zentrierte, meist interdisziplinär zusammengesetzte Doktoratsprogramme, die von einer Gruppe von Lehrenden (Professorinnen und Professoren) gegründet wurden, von der jeweiligen nationalen Forschungsförderungsgesellschaft (Deutsche Forschungsgemeinschaft DFG, Fonds zur Förderung der wissenschaftlichen Forschung FWF, Schweizerischer Nationalfonds zur Förderung der wissenschaftlichen Forschung SNF) bzw. in Deutschland im Rahmen der sogenannten „Exzellenzinitiative" finanziert werden, auf eine bestimmte Laufzeit beschränkt sind und der thematisch fokussierten Ausbildung und Förderung von Nachwuchswissenschaftlerinnen und Jungwissenschaftlern dienen. Sie bieten neben einem themenzentrierten Lehrveranstaltungsangebot für die teilnehmenden Doktorandinnen und Doktoranden eine meist zwei- bis dreijährige Anstellung (oder ein Vollzeitstipendium) an der Universität, an der das jeweilige DoktorandInnenprogramm angesiedelt ist.

Die Voraussetzung dafür, eine Dissertation im Rahmen eines solchen Programms oder Kollegs zu schreiben, ist natürlich ein Dissertationsthema, das in den thematischen Rahmen des jeweiligen Kollegs passt und von einem Mitglied des Kollegs betreut wird. Darüber hinaus wird oft verlangt, dass Sie sich schon im Rahmen Ihrer Diplomarbeit mit einer programmrelevanten Fragestellung beschäftigt haben. Die Aufnahme in ein derartiges DoktorandInnenprogramm erfolgt meist über Ausschreibungen oder Bewerbungsverfahren. Über die Aufnahme entscheidet allerdings nicht die fördernde Stelle (d. h. die nationale Forschungsförderungsgesellschaft), sondern die Mitglieder (Lehrenden) des jeweiligen Programms. Die Auswahlverfahren gleichen aber denen bei anderen Stipendien- und Projektförderungsvergabeverfahren, die hier besprochen werden. Das bedeutet, Sie müssen in der Regel ein Exposé Ihrer Arbeit und einen wissenschaftlichen Lebenslauf mit Publikationsliste einreichen, die dann ein Begutachtungs- und Beurteilungsverfahren durchlaufen.

Neben diesen thematisch zentrierten Doktoratsprogrammen schreiben Universitäten auch immer wieder Promotionsstellen aus. Diese meist auf zwei- bis maximal vierjährige Anstellungsverhältnisse beschränkten Stellen bieten Ihnen die Möglichkeit, Ihre Dissertation als Universitätsangehörige bzw. -angehöriger zu schreiben. Voraussetzung dafür ist immer, dass Ihre jeweilige Betreuungsperson Professorin oder Professor am selben Institut / Fachbereich ist. Da derartige Stellen in der Regel spärlich gesät sind, sollten Sie, wenn Sie eine Bewerbung ins Auge fassen, rechtzeitig beginnen, die Homepages der von Ihnen präferierten Universitäten nach Stellenangeboten zu durchforsten oder den kostenfreien Internetservicedienst www.academics.de abonnieren.

In Österreich besteht über die beschriebenen Stipendien und Anstellungsmöglichkeiten hinaus die Möglichkeit, sich bei der Österreichischen Akademie der Wissenschaften (ÖAW) um ein maximal dreijähriges Doktoratsstipendium zu bewerben. Neben einer Altersgrenze (und anderen formalen Voraussetzungen) gibt es bei diesen DOC-Stipendien eine Einschränkung auf österreichische Staatsbürgerinnen und Staatsbürger bzw. auf Studierende, die an einer österreichischen Forschungseinrichtung dissertieren. Das bedeutet, dass österreichische Staatsbürgerinnen und Staatsbürger ihr Dissertationsprojekt auch im Ausland durchführen, während Nicht-Österreicherinnen bzw. Nicht-Österreicher das Stipendium nur in Österreich in Anspruch nehmen können.

Der Jubiläumsfonds der Österreichischen Nationalbank (ÖNB) vergibt ebenfalls Stipendien für Dissertationen (und sogar Diplomarbeiten), allerdings ist diese Förderung auf Diplomandinnen und Diplomanden sowie Dissertantinnen und Dissertanten beschränkt, die zum Thema Geldtheorie und Geldpolitik forschen, d. h. auf einen sehr engen Teilbereich der Sozialwissenschaften.

Auch das Wiener IFK (Internationales Forschungszentrum Kulturwissenschaften) bietet im Rahmen des sogenannten „Junior Fellowship"-Programms Doktoratsstipendien für vorzugsweise interdisziplinäre Dissertationsprojekte aus dem Bereich der Geistes- und Sozialwissenschaften, die meist auf ein Studienjahr befristet sind. Die Inanspruchnahme des Stipendiums ist an den Aufenthalt am IFK gebunden, d. h., dass Stipendiatinnen und Stipendiaten (für die dieselben

Einschränkungen wie für die DOC-Stipendien der ÖAW gelten), die nicht in Wien wohnhaft sind, für die Dauer des Stipendiums nach Wien übersiedeln müssen.

Haben Sie Ihre Dissertation einmal abgeschlossen und Lust auf mehr (eigenständige) Forschung bekommen, so können Sie sich um eine Reihe von Post-Doc-Stipendien bewerben. Speziell an Frauen gerichtete Stipendienprogramme sind dabei das vom SNF angebotene Marie-Heim-Vögtlin-Programm (in dessen Rahmen auch Dissertationsprojekte gefördert werden können), das in der Regel zweijährige Post-Doc-Stipendien vergibt, sowie in Österreich das von der Österreichischen Akademie der Wissenschaften (ÖAW) ausgeschriebene DOC-forte-Programm, das allerdings auf die Förderung von Frauen in den Bereichen Naturwissenschaften, Technik, Mathematik, Biowissenschaften und Medizin beschränkt ist. Der FWF fördert im Rahmen der Hertha-Firnberg-Stipendien die Universitätslaufbahn von Frauen nach der Promotion.

In der Bundesrepublik Deutschland werden von einigen Graduiertenschulen neben Doktoratsstipendien auch (eine meist sehr begrenzte Zahl von) Post-Doc-Stipendien vergeben. In Österreich vergibt die ÖAW mit dem APART-Stipendium und die Österreichische National Bank (ÖNB) mit dem Dr.-Maria-Schaumayer-Habilitationsstipendium Förderungen, die an Habilitationsprojekte gebunden sind (das APART-Stipendium ist prinzipiell auch für andere Post-Doc-Projekte bzw. für Projekte bereits Habilitierter offen, in der Praxis wird es aber fast ausschließlich für Habilitationsprojekte vergeben). Das erwähnte ÖNB-Stipendium ist auf Assistentinnen und Assistenten der Wirtschaftsuniversität Wien beschränkt und soll sie von der Lehr- und Verwaltungstätigkeit entlasten, während das APART-Stipendium der Österreichischen Akademie der Wissenschaften im Prinzip allen Promovierten offensteht, die die Altersgrenze nicht überschritten haben und sich habilitieren wollen. Beide Stipendien können in Österreich bezogen werden, das APART-Stipendium zumindest teilweise aber auch im Ausland. Das Wiener IFK vergibt „Research Fellowships“, die sich explizit an Post-Docs wenden. Für die Inanspruchnahme dieses Stipendiums gelten dieselben (Anwesenheits-) Bedingungen wie für die „Junior-Fellowships“ (s. o.), allerdings stehen sie Angehörigen aller Nationalitäten offen.

Da Post-Doc-Stipendien Ihnen helfen sollen, eine dauerhafte wissenschaftliche Karriere an einer Universität oder einer anderen Forschungseinrichtung vorzubereiten, und da „Internationalität" in der gegenwärtigen universitären Welt einen hohen Stellenwert besitzt, sind viele dieser Stipendien ausschließlich für Auslandsaufenthalte vorgesehen. Treten Sie also ein in den Stamm der Wissenschaftsnomaden und lernen Sie fremde Kulturen und Kontinente kennen! Auslandsstipendien werden in Deutschland vom Deutschen Akademischen Austauschdienst (DAAD) und der DFG, in Österreich vom Wissenschaftsfonds FWF und von der Österreichischen Akademie der Wissenschaften (ÖAW) und in der Schweiz vom Schweizerischen Nationalfonds (SNF) vergeben. Ein spezielles Post-Doc-Auslandsstipendium vergibt die bundesdeutsche Alexander von Humboldt-Stiftung. Es kann nur von ausländischen (nicht von deutschen) Staatsbürgerinnen und Staatsbürgern an einer bundesdeutschen Forschungsstätte bezogen werden. Ein Antrag setzt eine Einladung der jeweiligen Antragstellerin bzw. des jeweiligen Antragstellers durch eine Vertreterin bzw. einen Vertreter dieser Forschungsstätte sowie ein positives Gutachten durch diese Person über Ihr Forschungsprojekt voraus (zudem werden die Anträge einem Peer-Review-Verfahren – s. u. – durch die Humboldt-Stiftung unterzogen). Eine ähnliche Stipendienschiene bietet der österreichische FWF mit seinem Lise-Meitner-Stipendienprogramm, das sich ebenfalls an ausländische Jungwissenschaftlerinnen und Jungwissenschaftler richtet, die in Österreich forschen wollen. Voraussetzung ist hier ein gemeinsamer Förderungsantrag der ausländischen Wissenschaftlerin bzw. des Wissenschaftlers mit der einladenden österreichischen Forscherin oder dem Forscher.

Wenn Sie – aus welchen Gründen auch immer – kein Stipendium in Anspruch nehmen, sondern ein eigenes Forschungsprojekt (u. U. auch mit weiteren Mitarbeiterinnen und Mitarbeitern) durchführen wollen, so steht Ihnen als Promovierte oder Promovierter auch dieser Weg der Forschungsförderung offen. Die nationalen Forschungsförderungsorganisationen (DFG, FWF, SNF) sowie die Volkswagenstiftung in Deutschland und der Jubiläumsfonds der ÖNB in Österreich fördern ausschließlich Grundlagenforschung. Wenn Sie Ihr Forschungsprojekt selbst leiten wollen (wovon hier ausgegangen wird und was von den

Förderungsgebern auch zunehmend gefordert wird, um die sogenannten „Schutzmantelmadonna"-Anträge abzuwehren, bei denen eine anerkannte Forscherin bzw. ein anerkannter Forscher in einer Disziplin nur ihren bzw. seinen Namen als Projektleiterin oder Projektleiter hergibt, um einer oder einem jungen Post-Doc einige Jahre unabhängiger Forschung zu ermöglichen), müssen Sie den Antrag als sogenannter „Selbstantragsteller/in" einreichen. Das bedeutet, dass Sie nicht nur die Projektleitung, sondern auch eine bezahlte Stelle im Projekt innehaben (was im Falle von Projektleiterinnen und Projektleitern, die bereits eine Anstellung an einer Universität oder anderen Forschungseinrichtung haben, insofern anders ist, als diese für Leitung und Arbeit am Projekt vom Förderungsgeber nicht bezahlt werden). Die Projektdauer solcherart geförderter Projekte liegt üblicherweise zwischen einem und drei Jahren. Während Sei bei den nationalen Forschungsförderungsorganisationen prinzipiell Anträge zu allen wissenschaftlichen Themenbereichen einreichen können (die Förderungsvergabe erfolgt ausschließlich aufgrund der Begutachtungsverfahren, s. u.), sind die Förderungen der Volkswagenstiftung und der ÖNB thematisch beschränkt. Die Volkswagenstiftung fördert geistes- und sozialwissenschaftliche Forschungsprojekte im Rahmen von fünf thematischen Schwerpunkten, die ÖNB primär wirtschaftswissenschaftliche (und medizinisch-klinische) Forschung, andere sozial- und geisteswissenschaftliche Themen werden nur eingeschränkt finanziert. Außerdem ist die Förderhöhe bei der ÖNB prinzipiell auf 100.000 Euro begrenzt. Sie müssen daher bei einem Förderungsantrag, der keine wirtschaftswissenschaftliche Forschungsfrage zum Thema hat, damit rechnen, dass die von Ihnen beantragte Fördersumme – vorausgesetzt Ihr Projekt wird gefördert – drastisch (manchmal um mehr als 50 %) gekürzt wird.

Die deutsche DFG, der österreichische FWF und der „European Research Council" (ERC) bieten eigene Förderungsprogramme für höchst qualifizierte Post-Docs, die über das Verfassen ihrer Dissertation hinaus bewiesen haben, dass sie zu den internationalen Zukunftshoffnungen in ihrer Disziplin gehören. Die DFG bietet im Rahmen des Emmy-Nöther-Programms Post-Docs mit internationaler Forschungserfahrung die Möglichkeit, Forschungsprojekte mit einer eigenen Arbeitsgruppe durchzuführen. Ähnliches bietet das START-Programm des FWF wie auch die „Starting Grants“ des ERC, die so nicht nur Ihre Stelle, sondern Ihr gesamtes Forschungsteam fördern. Entsprechend wird bei der Antragstellung erwartet, dass Sie einen Forschungsplan für ein (oder sogar mehrere) Teams von jungen Forscherinnen und Forschern vorlegen, die unter Ihrer Leitung arbeiten. Die Laufzeit dieser Forschungen kann fünf (Starting Grant) bis maximal sechs Jahre (Emmy.-Nöther- und START-Programm) betragen, der Abschluss ihrer Dissertation kann bei FWF und ERC (den äußerst anspruchsvollen Ausschreibungsbedingungen Rechnung tragend) bis zu zehn Jahre zurückliegen, beim deutschen Emmy-Nöther-Programm in der Regel allerdings nur vier Jahre.

3.3 Wie wird die Entscheidung über eine Förderung getroffen?

Insbesondere die zuletzt dargestellten Stipendien und Forschungsförderungen, die Ihnen eine Vollzeitanstellung bieten, aber auch viele Stipendien, die nur Teilfinanzierungen umfassen, werden im Zuge sogenannter Peer-Review-Verfahren vergeben, wie sie in vielen Bereichen der Wissenschaft üblich sind, in denen wissenschaftliche Leistungen beurteilt werden sollen. Wie der Name schon sagt, besteht das Kernstück eines Peer-Review-Verfahrens darin, dass Wissenschaftlerinnen und Wissenschaftler einer bestimmten Disziplin („peers“) die Leistungen von Wissenschaftlerinnen und Wissenschaftlern ihrer eigenen Disziplin begutachten und beurteilen, dass also keine wissenschaftsfremden Personen über den Antrag entscheiden. Ausgewählt werden die Gutachterinnen und Gutachter von fachlich kompetenten Referentinnen und Referenten der jeweiligen Förderungsorganisation, wobei in Österreich und der Schweiz ausschließlich ausländische Gutachterinnen und Gutachter ausgewählt werden, in der Bundesrepublik hingegen sowohl inländische wie auch ausländische Expertinnen und Experten herangezogen werden können. Das Peer-Review-Prinzip scheint auf den ersten Blick objektiv und sachlich zu sein, da damit gewährleistet scheint, dass die Entscheidung über eine etwaige Projektförderung bzw. Stipendienvergabe allein aufgrund fachlicher und inhaltlicher Kriterien getroffen wird. Es hat damit aber auch einige Tücken, auf die wir Sie im Folgenden aufmerksam machen wollen.

Die größte Hürde des gesamten Forschungsförderungssystems (die allerdings nicht im Peer-Review-Verfahren begründet ist) besteht darin, dass einer großen Zahl von Förderungsanträgen eine immer begrenzter werdende Summe von Fördergeldern gegenübersteht. Entsprechend werden die Gutachterinnen und Gutachter von den Förderungsinstitutionen angewiesen, möglichst strenge Kriterien bei der Bewertung von Anträgen anzulegen. Für viele Stipendien und Projektförderungen liegt die Bewilligungsquote bei 20 bis 30 % der eingereichten Anträge – die Wahrscheinlichkeit, dass ein eingereichter Antrag nicht bewilligt wird, ist also um ein Vielfaches höher als die, dass er bewilligt wird.

Neben dieser allgemeinen Problematik der Forschungsförderung hält aber auch das Peer-Review-Verfahren selbst (gerade für Jungwissenschaftlerinnen und Jungwissenschaftler) Fallstricke bereit. Denn Begutachtungsverfahren im Bereich der Stipendien- und Forschungsförderungsvergabe sind (im Gegensatz zu Peer-Review-Verfahren im wissenschaftlichen Publikationswesen) nur insofern anonym, als Sie als Einreicherin bzw. Einreicher nie die Namen Ihrer Gutachterinnen und Gutachter erfahren werden (üblicherweise werden in diesen Verfahren mindestens zwei Gutachten eingeholt), die Gutachterinnen und Gutachter aber sehr wohl wissen, wessen Antrag sie bearbeiten, da die Entscheidung nicht nur auf der Basis Ihres Exposés erfolgt, sondern auch Ihre bisherigen wissenschaftlichen Leistungen beurteilt werden, die in Ihrem Lebenslauf und Ihrer Publikationsliste dokumentiert sind. Als Jungwissenschaftlerin und Jungwissenschaftler sind Sie in der nicht immer bequemen Position, außerhalb eines meist relativ überschaubaren Kreises von Kolleginnen und Kollegen (noch) nicht besonders bekannt zu sein. Das kann einerseits für Sie die Chance bieten, dass Gutachterinnen und Gutachter wirklich nur Ihre bisherigen Leistungen und die Qualität Ihres Antrags beurteilen und ihr Urteil dabei von keinerlei persönlichen Animositäten getrübt ist (die es – entgegen häufigen gegenteiligen Beteuerungen arrivierter Wissenschaftlerinnen und Wissenschaftler – in der Wissenschaft durchaus gibt und die auch einen Einfluss auf Förderungsvergaben haben). Andererseits bedeutet das aber für Sie auch, dass Sie mit Ihrem Antrag beweisen müssen, dass Sie das Thema, das Sie bearbeiten wollen, wirklich eingehend kennen. Darüber hinaus müssen Sie die Gutachterinnen und Gutachter davon überzeugen, dass Ihre Forschungsfrage es tatsächlich wert ist, beantwortet zu werden, und Ihre Arbeit förderungswürdig ist. Anders gesagt: Niemand wird Ihnen zugestehen, ein Thema „ohnehin" zu kennen, nur weil Sie in einem bestimmten Themenfeld schon arriviert sind.

Ein weiterer Punkt, den Sie im Zusammenhang mit Peer-Review-Verfahren beachten sollten, ist die Tatsache, dass die Gutachterinnen und Gutachter ehrenamtlich tätig sind (oder eine bestenfalls symbolische Abgeltung für ihre Tätigkeit erhalten). Das bedeutet zum einen, dass das Schreiben eines derartigen Gutachtens für viele *peer-reviewer* in der subjektiven Wertigkeit ihrer Tätigkeiten ziemlich weit unten angesiedelt ist (da es auch keine anderen wissenschaftliche Meriten wie etwa Ansehen für Publikationen einbringt) und deshalb lange aufgeschoben wird, was die Bearbeitungszeit eines Forschungs- oder Stipendienantrags verzögern kann. Zum anderen kann diese Tatsache leider auch bedeuten, dass manche Gutachterinnen und Gutachter Anträge, die sie bearbeiten, nur oberflächlich lesen oder ihre Gutachten auf der Grundlage von lange zurückliegenden Notizen verfassen, die sie während des Lesens gemacht haben. Vermeiden Sie es deshalb in Ihrem Antrag, grundsätzliche und relevante Inhalte in Fuß- oder Endnoten unterzubringen, denn die Wahrscheinlichkeit, dass diese dann nicht gelesen werden, ist hoch.

Ein besonderes Problem von Peer-Review-Verfahren in den Geistes- und Sozialwissenschaften stellen sogenannte „Schulenstreitigkeiten" dar. Wie Sie gegebenenfalls aus Ihrem eigenen Fach wissen, gibt es in diesen Disziplinen in vielen Bereichen unterschiedliche, miteinander konkurrierende Theorien bzw. Schulen, die sich gegenseitig mehr oder weniger heftig bekämpfen (so halten viele quantitativ arbeitende Sozialwissenschaftlerinnen und Sozialwissenschaftler ihre qualitativ orientierten Kolleginnen und Kollegen bestenfalls für begabte Essayistinnen bzw. Essayisten, diese wiederum betrachten jene oft als fantasielose Erbsenzähler). Da Sie sich in Ihrem Antrag natürlich theoretisch und methodologisch positionieren müssen, besteht im Begutachtungsverfahren die Gefahr, dass eine Ihrer Gutachterinnen oder einer ihrer Gutachter einer anderen theoretischen Denkschule angehört und Ihrem Forschungsvorhaben schon aus diesem Grunde negativ gegenübersteht. Eigentlich sollte eine derartige Situation durch die Auswahl der Gutachterinnen und Gutachter seitens der Forschungsförderungsinstitution, bei der Sie Ihren Antrag eingereicht haben, vermieden werden, aber in einer zunehmend ausdifferenzierten Wissenschaftslandschaft ist es auch für qualifizierte Referentinnen und Referenten oft sehr schwierig, das zu vermeiden. Viele Förderungsinstitutionen bieten Ihnen deshalb die Möglichkeit, Ihrem Antrag eine sogenannte „black list" mit Namen von Gutachterinnen und Gutachtern beizulegen, von denen auf keinen Fall ein Gutachten eingeholt werden soll. Diese darf üblicherweise nicht mehr als zehn Namen umfassen, und es empfiehlt sich – u. U. nach Absprache mit einer (früheren) Betreuungsperson und unter der Annahme, dass Sie nicht schon in jungen Jahren mit einer größeren Anzahl Ihrer prominenteren Fachkolleginnen und Fachkollegen persönlich verfeindet sind – lediglich die Namen jener Personen auf die Liste zu setzen, von denen angenommen werden kann, dass sie potenzielle Gutachterinnen und Gutachter sind, und gleichzeitig bekannt ist, dass sie dezidiert andere wissenschaftliche bzw. methodologische Standpunkte als Sie vertreten.

Manche Förderungsinstitutionen (z. B. SNF, ÖNB) bieten auch die Möglichkeit, Ihrem Antrag eine sogenannte „white list" beizufügen. Im Gegensatz zur „black list" sollten Sie auf diese Liste die Namen jener Personen setzen, die Sie für besonders qualifiziert und geeignet halten, Ihren Antrag sachkundig zu beurteilen. Diese Liste sollte auf keinen Fall Namen von Personen enthalten, mit denen Sie erst vor Kurzem zusammengearbeitet oder publiziert haben, die Ihre Dissertation begutachtet haben oder bei denen Sie etwa planen, einen Auslandsaufenthalt zu verbringen, da das als Befangenheitsgrund für eine potenzielle Gutachterin oder einen potenziellen Gutachter gilt. Die „white list" hilft den jeweiligen Fachreferentinnen und Referenten, möglichst kompetente Gutachterinnen und Gutachter für Ihren Antrag auszuwählen. In der Praxis dürfen Sie wahrscheinlich nicht davon ausgehen, dass Gutachterinnen und Gutachter nur aus der von Ihnen eingereichten „white list" ausgewählt werden, aber wenn zumindest eine oder einer der (meist) zwei Gutachterinnen oder Gutachter jemand ist, der Ihnen und Ihrem Projekt wohlgesonnen ist, kann das schon viel bewirken.

Das Peer-Review-Verfahren hat neben den genannten Schwierigkeiten auch große Vorteile – sein häufiger Einsatz bei der Förderungsvergabe ist also begründet. Denn im Idealfall begutachtet eine fachlich kompetente Kollegin oder ein Kollege Ihren Antrag, die bzw. der in dem jeweiligen Feld einen guten Überblick über die aktuell relevanten Forschungsthemen und -fragen hat und deshalb auch beurteilen kann, wie aussichtsreich das von Ihnen geplante Vorhaben ist und welche Zukunftsperspektiven sich durch seine Bearbeitung für die Forschungsgemeinschaft eröffnen würden. Das bedeutet selbstverständlich auch, dass diese Personen alle Schwächen Ihres Antrags feststellen können und in ihrem Gutachten erwähnen. Förderungsinstitutionen verlangen in diesem Fall allerdings, dass Gutachterinnen und Gutachter auch Anregungen geben, wie die jeweiligen Schwächen des beurteilten Antrags verbessert werden könnten. Außerdem veröffentlichen viele Förderungsinstitutionen auf ihren Websites den Kriterienkatalog, den sie den Gutachterinnen und Gutachtern für die Beurteilung von Forschungs- und Stipendienanträgen vorgeben. Anhand dieser Kriterienkataloge können Sie vor dem Einreichen Ihres Antrags überprüfen, welche Mängel Sie u. U. selbst finden können oder ob es Beurteilungsaspekte gibt, die Sie vielleicht in Ihrem Antrag noch nicht berücksichtigt haben.

Für den Fall, dass Ihr Antrag aufgrund der von den Gutachterinnen und Gutachtern festgestellten Mängel nicht genehmigt wird, bekommen Sie von der Förderungsinstitution die für die Ablehnung relevanten Gutachtensausschnitte mit den Verbesserungsvorschlägen zur Verfügung gestellt. In diesem Fall heißt es für Sie nichts wie „revise and resubmit!" – überarbeiten Sie Ihren Antrag aufgrund der Verbesserungsvorschläge und reichen Sie ihn so bald wie möglich wieder ein. Nehmen Sie die Ablehnung eines Stipendiums- oder Forschungsantrags nicht persönlich (auch wenn es wirklich schmerzt), sondern versuchen Sie, die Eigenschaften des Peer-Review-Verfahrens für die Verbesserung Ihres Antrags zu nützen.

3.4 Was sollten Sie prinzipiell beachten, wenn Sie einen Förderungsantrag einreichen?

Wie oben schon erwähnt, unterscheiden sich die Vergabeverfahren für Stipendien und Forschungsförderungen je nach Institution, bei der Sie einen Antrag einreichen. Im Folgenden machen wir Sie deshalb hauptsächlich auf jene Aspekte aufmerksam, die Sie auf alle Fälle immer und unabhängig von der konkreten Institution beachten sollten.

Es gibt eine Reihe von formalen Kriterien, deren Einhaltung (bzw. Nichteinhaltung) schon von vorneherein über eine Annahme oder Ablehnung Ihres Antrags entscheiden kann, d. h., noch bevor ein inhaltliches Gutachten in Auftrag gegeben wird. Dazu gehören: Altersgrenzen (bei Stipendien), Einreichtermine, formale Richtlinien für die Gestaltung von Anträgen sowie zusätzliche Dokumente, die Sie Ihrem Antrag beilegen müssen. Die Bedeutung der Altersgrenzen für Stipendien wurde schon oben angesprochen, weshalb im Folgenden lediglich auf die übrigen Kriterien eingegangen wird.

Bei manchen Förderinstitutionen gelten sowohl für das Einreichen von Stipendien wie auch von Projektanträgen Einreichtermine, die Sie unbedingt einhalten müssen. Als Stichtag gilt meist das Datum des Poststempels. Manche Unterlagen können Sie auch nachreichen; welche das sind, sollten Sie allerdings zuerst telefonisch oder per E-Mail bei der jeweiligen Institution erfragen, die detaillierte Darstellung des von Ihnen geplanten Forschungsprojekts gehört auf keinen Fall dazu. Immer mehr Institutionen gehen dazu über, das gesamte Antrags- und Begutachtungssystem online abzuwickeln (unter den hier genauer dargestellten sind das derzeit – Ende 2011 – SNF und ERC). In diesem Fall gibt es keine Möglichkeit, Unterlagen nachzureichen! Beim Erreichen einer etwaigen Einreichfrist schließt das System automatisch die Zugangsmöglichkeit und macht ein Nachreichen damit unmöglich. Online-Systeme sind nicht immer einfach zu handhaben, Sie sollten sich deshalb möglichst lange vor einer etwaigen Einreichfrist damit vertraut machen. Manchmal werden dafür auch eigene Tutorials (online!) angeboten, die Sie gegebenenfalls nützen können.

Im Falle von Online-Einreichverfahren ist die Textstruktur Ihres Antrags meist schon in Form von Formularfeldern vorgegeben und Sie müssen sich ohnehin danach richten. Aber auch dann, wenn Sie Ihren Antrag noch auf die „traditionelle" Art als Manuskript einreichen können, gibt es oft strikte Vorgaben bzw. Vorschläge für die Gliederung Ihres Antrags. Diese Gliederungsvorschläge mögen sich nicht immer optimal für den Aufbau Ihres individuellen Antrags eignen, da aber häufig auch die Gutachterinnen und Gutachter im Peer-Review-Verfahren die vorgeschlagene Textgliederung der Förderungsorganisationen kennen, empfiehlt es sich, Ihren Text nach diesen Richtlinien zu gliedern, da Sie damit dann zumindest eine Erwartungshaltung der Gutachterinnen und Gutachter schon erfüllt haben.

Ein wichtiges formales Kriterium für viele Anträge ist die Textlänge. Diese wird oft sehr genau (Seitenanzahl, minimale Schriftgröße, Seitenränder) angegeben und muss eingehalten werden – Überlänge ist ein formaler Ablehnungsgrund! (Etwaige Toleranzabweichungen sollten wiederum vor dem Einreichen erfragt werden.) Versuchen Sie deshalb auch nicht zu tricksen, denn die Fachreferentinnen und Referenten haben ein geschultes Auge dafür, ob Ihr Antrag etwa die minimale Schriftgröße aufweist oder ob sie um einen Punkt kleiner ist. Klären Sie auch rechtzeitig, in welcher Sprache Ihr Antrag einzureichen ist. In immer mehr Wissenschaftsdisziplinen stellt Englisch derzeit bereits die „lingua franca" dar. Oft werden Anträge auf Englisch verlangt, um ein internationales Peer-Review-Verfahren zu gewährleisten. Dies mag aus sprachen- und wissenschaftspolitischer Sicht bedauerlich sein, an den Voraussetzungen für Ihre Antragstellung lässt sich aber nur in Ausnahmefällen rütteln. Solche Ausnahmen müssen begründet und schon im Vorhinein mit der/dem zuständigen administrativen Referentin/Referenten vereinbart werden.

Ein wichtiger Teil Ihres Antrages sind Zeit- und Kostenpläne. Diese bilden für die Förderinstitutionen und Gutachterinnen und Gutachter ein Kernstück Ihres Antrags, da sie darüber Aufschluss geben, ob Ihr Projekt in der vorgesehenen Zeit und mit der beantragten Fördersumme durchführbar ist. Der Kostenplan muss deshalb korrekte Zahlen aufweisen. Das heißt nicht nur, dass Sie nach Möglichkeit Rechenfehler in der Kalkulation vermeiden, sondern auch, dass Sie bei Ihren Berechnungen korrekte Grundlagen verwenden sollten. Das ist bei der Berechnung von Personalkostensätzen nicht immer einfach, da sich

Personalkosten aus dem Bruttogehalt und etwaigen Beiträgen, die der Dienstgeber direkt an Pensions- und Sozialversicherungen abzuführen hat, zusammensetzen. Viele Förderungsinstitutionen geben deshalb auf Ihren Websites Übersichtstabellen mit den für Personalkosten jeweils aktuell gültigen Kostensätzen für Forschungsanträge bekannt. Wenn Sie für dasselbe Projekt Förderungen bei verschiedenen Förderinstitutionen beantragen, müssen Sie das in den entsprechenden Kostenkalkulationen explizit machen (dafür gibt es in allen Antragsformularen eigene Kostenkategorien), auch wenn noch nicht sicher ist, ob Ihr Projekt von der entsprechenden anderen Institution gefördert werden wird. Tun Sie das nicht (d. h., beantragen Sie Vollfinanzierungen für dasselbe Projekt bei mehreren Institutionen und erhalten Sie diese auch), droht Ihnen bei Bekanntwerden dieser Tatsache auch noch nachträglich die Rückzahlung der gesamten in Anspruch genommenen Fördersummen!

Zu den relevanten Beilagen zur Beschreibung Ihres Forschungsvorhabens zählen Lebenslauf, Publikationsliste und etwaige Einladungen oder Arbeitsplatzbestätigungen der Institution, an der Sie Ihre Forschung durchführen wollen, sowie bei Stipendien häufig ein Begleitschreiben, in dem Sie Ihre Motivation für den Stipendienantrag und Ihr Forschungsprojekt im Allgemeinen darlegen sollen. Lebensläufe werden im Wissenschaftsbetrieb nur mehr tabellarisch verfasst und sollen wirklich alle Ihre bisherigen Leistungen darstellen, die für die Beurteilung Ihrer Qualifikation relevant sind. Stellen Sie deshalb Ihr Licht nicht unter den Scheffel, sondern zeigen Sie im Lebenslauf (und gegebenenfalls in einem Begleitschreiben), warum gerade Sie die richtige Person sind, um das von Ihnen vorgeschlagene Projekt durchzuführen. Die strategische Betonung eigener Stärken und Leistungen ist deshalb angebracht und notwendig (und wird auch erwartet), bleiben Sie aber bei der Wahrheit! Führen Sie also zum Beispiel jeden Aufenthalt an einer ausländischen Universität im Lebenslauf an, interpretieren Sie aber nicht einen Urlaub in einer Universitätsstadt zum Forschungsaufenthalt an einer der dortigen Universitäten um, denn solche Flunkereien werden im Zeitalter des Internets nur zu schnell entlarvt und sprechen dann auf alle Fälle gegen Sie.

Publikationslisten sollten (entgegen früheren Gepflogenheiten) in absteigender chronologischer Reihenfolge (d. h. von den aktuellsten zu den älteren Publikationen) geordnet und nach den Kategorien „Monografien", „Zeitschriftenartikel" und „Beiträge in Sammelbänden" gegliedert sein. Gegebenenfalls können Sie auch eine Kategorie „Präsentationen" anführen, in der Sie Ihre Vorträge (und auch Posterpräsentationen) bei Tagungen oder an anderen Instituten und Universitäten auflisten.

Der folgende Lebenslauf wurde für einen Stipendienantrag verfasst und enthält den akademischen Werdegang, die gehaltenen Vorträge, Forschungs- und Entwicklungstätigkeit sowie die absolvierte Lehraufträge des Stipendiaten.

Beispiel 63: Lebenslauf

Curriculum Vitae – [Name]

Adresse:
Geburtsdatum:

Akademischer Werdegang:

2004–2005	IFK „Fellow Abroad" an der Universiteit van Amsterdam, ASCA (Amsterdam School of Cultural Analysis)
2003–2004	Junior Fellow am Internationalen Forschungszentrum für Kulturwissenschaften (IFK) in Wien
seit 2001	Lektor und wissenschaftlicher Mitarbeiter an den Instituten für Angewandte Sprachwissenschaft und Amerikanistik der Universität Wien
2001	Abschluss des Studiums der Anglistik / Amerikanistik (Diplomstudium Literaturwissenschaft) und Sprachwissenschaft (Diplomstudium Angewandte Linguistik) an der Universität Wien und Bradley University, Illinois
bis 1998	Studium der Germanistik (Diplomstudium Literaturwissenschaft) und Vergleichenden Literaturwissenschaft an der Universität Wien

Vortragstätigkeit:

5. Nov. 2004	Vortrag im Rahmen der 32. Konferenz der *Austrian Association of American Studies – Transitions: Race, Culture, and the Dynamics of Change* in Salzburg: „Transitions in early film theory: The politics of Siegfried Kracauer as émigré intellectual"
25. Okt. 2004:	(mit *Name*) Paper im Rahmen des Klagenfurter Symposiums zu Wissenschaftlichem Schreiben: „Fach- und aufgabenspezifische Merkmale studentischen Schreibens"

16. Dez. 2004	Teilnahme am Workshop ***Sound and the City***, geleitet von Thomas Elsaesser, Universiteit van Amsterdam
21. Juni 2004	Vortrag zu „Die Einheit alles Tönenden überhaupt: Tonfilmkonzeptionen in Siegfried Kracauers filmkritischen und filmtheoretischen Arbeiten" am IFK – Internationales Forschungszentrum für Kulturwissenschaften.
9. Jan. 2004	Vortrag zu „Text und Kontext in den neuen Medien" im Rahmen des Workshops ***Literature – Text – Politics: Exploring the Intersection between Literary Studies and Linguistics***, geleitet von Ruth Wodak und Margarete Rubik an der Universität Wien
8. Dez. 2003	Vortrag bei der ***31. Österreichischen Linguistiktagung*** in Wien: „Der Status von Intertextualität in studentischem Schreiben. Ein Vergleich der intertextuellen Muster in ausgewählten Seminararbeiten aus drei wirtschaftsorientierten Fächern"
11. Nov. 2003	Vortrag im Rahmen der 31. Konferenz der ***Austrian Association of American Studies – Icons and Iconicity*** in Graz: „When Cultural Icons Cross the Media Divide: Lady Lara Croft goes to the Movies"
14. April 2003	Vortrag bei der Annual British Association of American Studies Conference in Aberystwyth, Wales: „The Chronotopes of the Road Narrative"
14.–15. Nov. 2002	Teilnahme am Workshop ***Text & Kontext*** an der Österreichischen Akademie der Wissenschaften
11. Nov. 2002	Vortrag im Rahmen der 30. Austrian Association of American Studies Conference ***(Anti-)Americanisms*** in Wien: „Civilization(s): Rewriting History in Interactive Media"
26. Jan. 2002	Vortrag bei der EAS Konferenz ***Multimodal Discourse*** in Salzburg: „Cultural Studies and Multimodal Discourse"
27. Okt. 2001	Vortrag im Rahmen der 29. Austrian Association of American Studies Conference: ***The Embodyment of American Culture*** in Klagenfurt: „Processes of Embodiment and Spatialization in the Work of Paul Auster"

Forschungs- und Entwicklungstätigkeit:

seit 2005	Mitherausgeber und technischer Betreuer der Wiener Linguistischen Gazette. www.univie.ac.at/linguistics/publikationen/wlg/
seit 2004	Entwicklung und Betreuung des Zugangsportals „On the Road: A Gateway to American/Cultural Studies" zu den Online-Ressourcen des Instituts für Anglistik und Amerikanistik der Universität Wien.
2003–2004	Mitarbeit am Forschungsprojekt *Ikonografie und Narrative von Wahlplakaten* (mit Günther Burkert-Dottolo, Christian Moser und Johannes Domsich). ÖNB-Jubiläumsprojekt Nr. 10319
seit 2003	Betreuung der Online-Anthologie des kulturwissenschaftlichen Projekts „Route 66 and the Desert Southwest" am Institut für Anglistik und Amerikanistik der Universität Wien.

Juli 2003	Gemeinsame Planung und Koordination der kulturwissenschaftlichen Exkursion „Route 66 and the Desert Southwest" mit Dr. Astrid Fellner (Universität Wien) und Prof. Tim Conley (Bradley University, Ill.)
2001–2004	Mitarbeit im sprachwissenschaftlichen Forschungsprojekt „Genre, Habitus und studentisches Schreiben an der Universität" (FWF Projekt P14720-G03), geleitet von Univ. Prof. Helmut Gruber am Institut für Sprachwissenschaft
seit 2001	Betreuung der Online-Anthologie „Live(s) on the Mississippi" am Institut für Anglistik und Amerikanistik in Wien.

Lehrtätigkeit:

2005	„Proseminar aus Diskurs- und Medienanalyse: Diskursanalyse und Cultural Studies – Möglichkeiten eines Dialogs auf theoretischer und methodologischer Ebene" am Institut für Angewandte Sprachwissenschaft, Universität Wien
2004	„Proseminar aus Diskurs- und Medienanalyse: Konstruktionen von Authentizität und Geschlecht in medialen Inszenierungen von Stars am Beispiel von ***Starmania***" am Institut für Angewandte Sprachwissenschaft, Universität Wien
2003	(gemeinsam mit *Name*) „Proseminar aus Diskurs- und Medienanalyse: Begegnungen von Linguistik und Filmtheorie" am Institut für Angewandte Sprachwissenschaft, Universität Wien
2003	Mitbetreuung des Konversatoriums „Route 66 and the Desert Southwest: A Journey in Cultural Geography" von Dr. Astrid Fellner am Institut für Amerikanistik, Universität Wien, sowie der damit verbundenen Exkursion im Juli 2003
2001	Mitbetreuung des Konversatoriums „From Chicago to New Orleans (and back on the Internet): A Multi-Media Journey in Cultural Geography" von ao. Univ. Prof. Dr. Kurt Albert Mayer am Institut für Anglistik und Amerikanistik, Universität Wien, sowie der damit verbundenen Exkursion im Juli 2001

Beim Beantragen von Auslandsstipendien und bei Projektförderungsanträgen an manche Förderungsinstitutionen benötigen Sie schon für Ihren Antrag eine Einladung einer ausländischen Institution bzw. die Bestätigung einer Forschungseinrichtung, dass Sie Ihr Forschungsprojekt dort durchführen können. Sie sollten bereits in diesem Stadium Ihres Antrags klären, welche Infrastruktur Ihnen an der betreffenden Institution dann tatsächlich zur Verfügung stehen wird. Gerade wenn Sie an einer ausländischen Forschungsstätte arbeiten wollen und dort u. U. keine (oder nur sehr eingeschränkte) Arbeitsmöglichkeiten in Ihrer Unterkunft haben, sollten Sie wissen, wie Ihr Arbeitsplatz an der Gastinstitution aussehen wird: Gibt es einen Telefon- und Internetanschluss in Reichweite des Schreibtisches, der Ihnen zur Verfügung stehen wird? Mit wie vielen Personen werden Sie ihr Büro oder allenfalls sogar Ihren Schreibtisch teilen müssen? Werden Sie auch Zugang zu Bibliotheken und anderen universitären Einrichtungen (Labors, Experimentalräume etc.), die Sie benötigen, haben? Forschungsaufenthalte von Gastwissenschaftlerinnen und Gastwissenschaftlern gelten an vielen Universitäten als Pluspunkte für Institute und andere Subeinheiten in den immer häufiger werdenden internen Evaluierungen. Demgemäß versuchen viele Institute, möglichst viele Gäste zu beherbergen – und das oft, ohne eine für alle ausreichende Infrastruktur bieten zu können. Die oben angeführte Fragenliste ist deshalb nicht aus der Luft gegriffen und könnte beliebig erweitert werden.

Wenn Sie für Ihre geplante Forschung über Ihren Laptop hinaus Geräte (etwa Aufnahmegeräte bei einer Feldforschung oder Zugang zu Experimental- oder Beobachtungseinrichtungen) benötigen, sollten Sie ebenfalls bereits vor dem Einreichen Ihres Antrags klären, ob Sie diese dann tatsächlich an der entsprechenden Institution benützen können. Wie eben erwähnt, können Sie nicht unbedingt damit rechnen, an einer in- oder ausländischen Forschungsstätte einen PC zur Verfügung gestellt zu bekommen, der zeitgemäßen Standards entspricht. Viele Institute stellen für Gäste einen Pool alter Geräte zur Verfügung, die zwar noch funktionstüchtig, aber meist schon sehr veraltet sind (speziell anglo-amerikanische Universitäten haben – mit der Ausnahme von Eliteuniversitäten – häufig eine für Kontinentaleuropäerinnen und -europäer überraschend schlechte Ausstattung mit IT-Hardware). Es empfiehlt sich deshalb häufig, einen eigenen PC/Laptop mitzubringen oder in den Projektkosten zu kalkulieren. Besonders wichtig ist die Klärung dieser Vorabfragen natürlich dann, wenn Sie nicht nur für sich, sondern auch für etwaige Projektmitarbeiterinnen und -mitarbeiter Arbeitsplätze und Zugang zur universitären Infrastruktur benötigen.

Wie hier bereits ausführlich besprochen, gibt es für Studierende und Jungwissenschaftlerinnen und Jungwissenschaftler im deutschsprachigen Raum zahlreiche Fördermöglichkeiten, die sich im Wesentlichen in Doktoratsstipendien und Post-Doc-Förderungsmaßnahmen unterscheiden lassen. Da sich Exposés für diese beiden Arten von Stipendien bzw. Projektförderungen in einigen wenigen Punkten von den bereits oben (Kapitel 2) dargestellten Eigenschaften von Exposés unterscheiden, möchten wir hier nochmals mit Beispielen auf Doktoratsstipendien und PostDoc-Anträge eingehen.

Doktoratsstipendien

Doktoratsstipendien haben das Ziel, Jungwissenschaftlerinnen und -wissenschaftler zu fördern, die eine wissenschaftliche Laufbahn einschlagen wollen, indem sie qualifizierte Studierende dabei unterstützen, qualitativ hochwertige Dissertationen zu verfassen. Sie müssen daher in Ihrem Stipendienantrag glaubhaft machen, dass Sie mit Ihrer Forschungsarbeit einen wissenschaftlich relevanten Beitrag zu Ihrer Disziplin leisten und dass Sie dabei von der Sie betreuenden Institution (im Sinne eines Mentorings) unterstützt werden.

Im Wesentlichen gelten für Exposés für Doktoratsstipendien dieselben Bedingungen wie für die einer Abschlussarbeit. Sie müssen zuerst in einer Einleitung kurz in Ihr Thema einführen, den wissenschaftlichen Stand der Forschung zu Ihrem Thema skizzieren, etwaige Forschungslücken aufzeigen, das Ziel Ihrer Arbeit mit konkreter Fragestellung klar herausarbeiten, die methodische Vorgehensweise skizzieren und Ihren Beitrag zum Wissensstand der Forschungsgemeinschaft deutlich machen. Zusätzlich wird auch hier in den meisten Fällen ein erstes Inhaltsverzeichnis Ihrer Arbeit, ein grober Zeitplan mit den wichtigsten Arbeitsschritten und natürlich eine erste Auswahlbibliografie verlangt. Sollten Sie also bereits ein Exposé für Ihre Abschlussarbeit verfasst haben, so können Sie dies einfach an die formalen Gegebenheiten der jeweiligen Förderinstitution anpassen.

Im Folgenden finden Sie Auszüge aus einem Antrag für ein Doktoratsstipendium und aus einem Stipendienantrag für kurzfristiges wissenschaftliches Arbeiten im Ausland mit dem Titel „Semiotik der digitalen Medienkunst“. In beiden Fällen musste das vorhandene Dissertationsexposé an die Gegebenheiten der jeweiligen Förderinstitution angepasst werden. Da im ersten Fall das Doktoratsstipendium nur für ein Jahr beantragt werden konnte (Abschluss einer Dissertation), mussten die bereits geleisteten Vorarbeiten und die zum Abschluss des Forschungsprojekts noch durchzuführenden Tätigkeiten im Antrag dargestellt werden.

Beispiel 64: Auszug aus einem Antrag für ein Doktoratsstipendium

Geplante Tätigkeiten bis zum Abschluss des Forschungsprojekts

Aufbauend auf den bereits geleisteten theoretischen Vorarbeiten und der Entwicklung des Analyserasters zur Kunstbetrachtung werden die hauptsächlich empirisch orientierten Kapitel 7, 8, 9, und 10 bearbeitet (siehe Inhaltsverzeichnis Seite 9 in kursiver Schrift). Dabei wurde der Großteil der Daten bereits analysiert und interpretiert.

Der Schwerpunkt wird in den noch zu verfassenden Kapiteln darauf liegen, die aktuellen und zentralen Themen digitaler Medienkunst kritisch zu betrachten, mit Beispielen zu belegen und Designprinzipien für die Bearbeitung und Gestaltung dieser Themen aufzuzeigen. Da sich das Untersuchungsfeld meiner Arbeit durch die sich stetig verändernden und sich laufend weiterentwickelnden neuen Technologien äußerst rasch wandelt, ist es notwendig, noch weitere aktuelle Daten in meine Arbeit zu integrieren. Besonders in den Jahren 2007 und 2008 haben sich im Bereich interaktiver Kunst und dem Einsatz neuer Technologien für das Sammeln und Verarbeiten von Daten und den Einsatz unterschiedlichster Kommunikationsmodi neue Entwicklungen ergeben (Quellenangabe). Um die Aktualität meiner Arbeit zu gewährleisten und den neuen Tendenzen in der digitalen Medienkunst Rechnung zu tragen, habe ich am diesjährigen Ars Electronica Festival (September 2008) weitere Daten erhoben, die nun in meine Dissertation einfließen sollen. Außerdem hat sich an der Kunstuniversität Linz ein Schwerpunkt für ‚interface culture‘entwickelt, der sich mit multimodal gestalteter und interaktiver Kunst auseinandersetzt und der zunehmend an Bedeutung gewinnt. Durch meine Zusammenarbeit und den Kontakt, der sich im Juni 2008 zu diesem Forschungsschwerpunkt in Linz ergeben hat, habe ich Zugriff auf weitere Daten von renommierten heimischen Künstlerinnen und Künstlern in diesem Bereich, die in meine Arbeit aufgenommen werden. Konkret sollen also sechs weiterer Kunstprojekte analysiert werden (siehe Liste 2), um die Aktualität des Forschungsprojektes zu gewährleisten und um den neuen Tendenzen der letzten beiden Jahre – mit besonderer Berücksichtigung der in Österreich entstandenen Arbeiten – Rechnung zu tragen.

Im zweiten Fall musste aus dem Antrag deutlich hervorgehen, warum ein Auslandsaufenthalt notwendig war, welche Tätigkeiten die Stipendiatin dort verrichten würde und warum die angestrebte Zieluniversität der beste Ort sei, um diese Tätigkeiten auszuführen.

Beispiel 65: Auszug aus einem Exposé für ein Stipendium für kurzfristiges wissenschaftliches Arbeiten im Ausland

Notwendigkeit des Aufenthaltes

Aufbauend auf dieser ersten Analyse möchte ich nun weitere digitale Installationen analysieren und im internationalen Kontext vergleichen sowie das Analyseraster weiter ausbauen, damit es auf eine ganzheitliche Betrachtung der drei Kommunikationsmodi Sprache, Bild und Ton in den Neuen Medien angewendet werden kann. Besonders interessant ist in diesem Zusammenhang der Einsatz von Ton in den digitalen Medien, der in den letzten Jahren deutlich zunimmt und eine fundierte wissenschaftliche Auseinandersetzung erfordert. Zu diesem Zweck ist es für mich notwendig, mir Wissen über die Produktion und Interpretation von Tonelementen in den Neuen Medien anzueignen. Weiters ist es notwendig, ein Transkriptionsverfahren zu erlernen, das es erlaubt, die Modi Sprache, Bild und Ton in meinen Daten gleichzeitig zu erfassen. Die University of Technology in Sydney bietet mir die Möglichkeit an, den funktionalen Einsatz von Ton in den Neuen Medien und ein multimodales Transkriptionsverfahren zu erlernen. Nicht zuletzt auch deshalb, weil Sydney der Hauptsitz der Systemisch-Funktionalen Theorie ist und daher einen hochwertigen wissenschaftlichen Austausch und innovativen Fortschritt auf dem Gebiet der Funktion und Interpretation von Zeichensystemen im soziokulturellen Kontext aufweisen kann. Weiters habe ich an der University of Technology Sydney die Möglichkeit, am Programm „Media Arts and Production" teilzunehmen, um mich mit Künstlerinnen und Künstlern auszutauschen und wichtige Details über Produktion und Design zu lernen, die für meine Interpretation essentiell sind. Durch diesen Austausch bekomme ich auch Zugang zu umfangreichem weiteren Datenmaterial für meine Analysen.

Durch den jahrelangen fruchtbaren Austausch zwischen der Systemisch-Funktionalen Schule in Sydney (Prof. J. R. Martin und Prof. Theo van Leeuwen) und der Angewandten Sprachwissenschaft in Wien (beide Professoren waren als Gastlektoren am Institut für Sprachwissenschaft in Wien tätig) wird es mir ermöglicht, dass meine Arbeit von Prof. Theo van Leeuwen während meines Aufenthalts in Sydney mitbetreut wird, welcher als Autor zahlreicher namhafter Werke den Hauptbeitrag zum Ausbau der Systemisch-Funktionalen Theorie hinsichtlich der Kommunikationsmodi Bild und Ton geleistet hat.

Post-Doc-Forschung

Post-Doc-Programme dienen der Karriereentwicklung von Wissenschaftlerinnen und Wissenschaftlern. Dazu gibt es Post-Doc-Stipendien in unterschiedlichen Fachbereichen mit verschiedenster Zielsetzung oder allgemeine Förderungen, die von Kommunen und Ländern vergeben werden. Die Förderung wissenschaftlicher Einzelanträge steht allen Wissenschaftlerinnen und Wissenschaftlern und damit auch dem wissenschaftlichen Nachwuchs offen. Es wird jedoch von den diversen Förderstellen empfohlen, als Jungwissenschaftlerin bzw. -wissenschaftler zuerst Stipendien auszuschöpfen bzw. durch die Mitarbeit an Forschungsprojekten erste Erfahrungen zu sammeln, bevor ein Einzelantrag gestellt wird, in dem Sie als Projektleiterin mitunter auch ein wissenschaftliches Team leiten.

Für Post-Doc-Anträge gilt im Wesentlichen das Gleiche wie für Doktoratsstipendien: Die Inhalte eines Exposés für Abschlussarbeiten, die in Kapitel 2 ausführlich beschrieben wurden, sind auch für Post-Doc-Anträge relevant. Allerdings müssen Sie diese Inhalte zum Teil ausführlicher darstellen als in einem Exposé für Abschlussarbeiten. Ihr Lebenslauf, Ihre Publikationsliste und ein Empfehlungsschreiben sind auch für Post-Doc-Stipendien Teil des Antrags. Für Einzelprojekte fallen Empfehlungsschreiben weg, da die Anträge ohnehin international begutachtet werden.

Die meisten Post-Doc-Anträge sind in englischer Sprache zu verfassen. Da eine Post-Doc-Forschung nicht auf die Erstellung einer Arbeit in Form einer Monografie (z. B. Doktorarbeit) abzielt, müssen Sie natürlich kein erstes Inhaltsverzeichnis in den Antrag mit aufnehmen. Dafür muss allerdings der Beitrag zum Wissensstand der Forschungsgemeinschaft, der auch manchmal als „expected impact“ oder „innovations“ definiert wird, wesentlich deutlicher dargestellt werden. Das folgende Beispiel stammt aus einem Einzelprojektantrag mit dem Titel „Supporting students' writing at Austrian universities: exploring possible applications of linguistic research in students' academic writing“[28], der mit einem Forschungsteam durchgeführt wurde.

Beispiel 66: Expected Impact – Innovations of the proposed project

By providing a "prototype" of a context-sensitive (with respect to discipline and department) linguistic program for teaching students' academic writing, the proposed study represents an innovative contribution to the field of applied linguistics. It prepares the way for the development of a new application-oriented branch of studying and teaching "academic writing". In light of the increasingly demanding calls for more practice-oriented studies at the university level, the present project would offer a valuable contribution insofar as it can create both a new field of research as well as a new occupational profile for linguists. Developing writing programs on the level of both native and non-native speakers, as well as teaching them are potential new professional fields for linguists.

The results and insights gained from such research are furthermore relevant for the changing conditions at Austrian universities with respect to the quality and adequacy of educational standards (especially with regard to the planned introduction of a BA-MA study system in which BA students will require sufficient support to finish their studies in the required time).

Für höchst qualifizierte Jungwissenschaftlerinnen und Jungwissenschaftler, die eine akademische Karriere einschlagen, gibt es in den verschiedenen deutschsprachigen Ländern bestimmte Förderschienen mit sehr hohem Anspruch. Dazu zählen z. B. der EU Starting Grant, das START-Programm und das Hertha-Firnberg-Stipendium in Österreich oder das Emmy-Nöther-Programm in Deutschland. Wenn Sie einen solchen

28 FWF (Projektnr. L179-G3). Online: www.univie.ac.at/linguistics/personal/helmut/Schreibprojekt/downloads/antrag.pdf, Seite besucht am 10.01.2012.

Förderantrag einreichen wollen, werden von Ihnen mehr Inhalte verlangt, als in Kapitel 2 über Exposés beschrieben. Darunter fallen z. B. Disseminationsstrategien für die zu erwartenden Resultate und Kooperationen. Auch Ihre Publikationsliste muss natürlich für einen solchen Antrag länger ausfallen, da Sie Ihre herausragende Qualifikation in dem angestrebten Forschungsbereich auch belegen müssen.

Unter dem Punkt Disseminationsstrategien sollten Sie angeben, inwiefern Ihre Forschungsergebnisse verwertbar sind bzw. verwertet werden und wie Sie diese Ergebnisse der Öffentlichkeit zugänglich machen wollen. Unter dem Punkt nationale und internationale Kooperationen sollen Sie aufzeigen, dass Sie wissenschaftlich vernetzt sind. Dabei werden umso mehr Kooperationen erwartet, je weiter Sie in Ihrer wissenschaftlichen Laufbahn vorangeschritten sind. Die Kooperationen, die Sie im Zusammenhang mit Ihrem Forschungsprojekt darstellen, sollen dabei natürlich für Ihr konkretes Projekt förderlich sein und auf einer professionellen Ebene wissenschaftlichen Austausch ermöglichen. Das folgende Beispiel ist ein weiterer Auszug aus dem Einzelprojektantrag aus Beispiel 66.[29]

Beispiel 67: Nationale und internationale Kooperationen

National and international co-operations

Our project will involve cooperation with two national partners and two international partners. Our partners in Austria are the Centre for Curriculum Development at Vienna University and the recently founded Writing Centre at Klagenfurt University. Both institutions offer the necessary expertise with both didactic questions in general and the institutional requirements for writing courses for students in the Austrian university system.

Our first international partner is the writing centre of the University of Education in Freiburg/Breisgau. This centre has supported a number of writing initiatives and centres in- and outside Germany and its members have ample experience in designing writing courses in German.

29 FWF (Projektnr. L179-G3). Online: www.univie.ac.at/linguistics/personal/helmut/Schreibprojekt/downloads/antrag.pdf, Seite besucht am 10.01.2012.

Our second international partner, the Learning Assistance Centre (LAC) at Sydney University, Australia, is one of the major centres for the development of academic writing course materials in both Australia and the English speaking world in general. The specialists at LAC have several years of experience in developing online and face to face teaching materials, as well as in designing writing courses for students. The experts at LAC offer their highly specialized expertise in developing online teaching materials and on online course design (Drury, 2004).

Contacts with US-American writing centres and online writing labs will be established during the project.

Auf den vorangegangenen Seiten haben wir Ihnen einen allgemeinen Überblick darüber gegeben, welche grundsätzlichen Forschungsförderungen für Jungwissenschaftlerinnen und Jungwissenschaftler in Deutschland, Österreich und der Schweiz sowie auf EU-Ebene zur Verfügung stehen, was Sie beim Verfassen und Einreichen von Stipendien- und Förderanträgen beachten sollten. Wir wollten Sie mit der Diskussion von Hürden und Problemen, die vorkommen können, nicht verunsichern. Nicht alle diese Probleme oder Schwierigkeiten werden bei Ihrem Projektantrag auch auftreten. Wenn Forschungsarbeit für Sie so spannend ist, dass Sie ihr zumindest einen Teil Ihres Lebens widmen wollen, dann werden Sie mit entsprechender Ausdauer vermutlich alle Hürden nehmen und in Ihrem Feld erfolgreich sein. Die hier genannten Beispiele sollen Ihnen daher beim Verfassen Ihres Antrags helfen und Ihnen einen Eindruck davon vermitteln, wie Sie die einzelnen Inhalte, die in einem Stipendien- und Forschungsantrag von Ihnen mitunter verlangt werden, sprachlich realisieren können. Da nicht immer alle Inhalte in jedem Stipendien- und Forschungsantrag gefordert sind bzw. sich die Reihenfolge der dargestellten Inhalte von denen eines Exposés für Abschlussarbeiten je nach institutioneller Vorgabe unterscheiden kann, sollten Sie unbedingt vor Verfassen Ihres Exposés die Vorgaben prüfen und sich strikt daran halten.

Zum Abschluss geben wir Ihnen noch eine tabellarische Übersicht über die wichtigsten Forschungsförderungsinstitutionen in den besprochenen drei Ländern und auf EU-Ebene sowie darüber, welche Arten von Forschungsförderungen dort angeboten werden.

	Doktoratsstipendium	Post-Doc-Stipendium	Auslandsstipendium (Post-Doc)	Projektförderung
EU				
European research council (ERC) (erc.europa.eu)		Starting grant	Starting grant	
BRD				
Deutsche Forschungsgemeinschaft (DFG) (www.dfg.de)		Emmy-Nöther-Programm	Forschungsstipendium	Einzelprojektförderung
Volkswagenstiftung (www.volkswagenstiftung.de)				Einzelprojektförderung (im Rahmen thematischer Schwerpunkte)
Deutscher Akademischer Austauschdienst (DAAD) (www.daad.de)			Auslandsstipendium	
Alexander von Humboldt-Stiftung (www.humboldt-foundation.de)			Alexander von Humboldt-Stipendium für ausländische Wissenschaftlerinnen und Wissenschaftler, die in der BRD forschen wollen	
Graduiertenschulen	Thematisch gebundene Doktoratsstipendien	Thematisch gebundene Post-Doc-Stipendien		

	Doktoratsstipendium	Post-Doc-Stipendium	Auslandsstipendium (Post-Doc)	Projektförderung
Österreich				
Fonds zur Förderung der wissenschaftlichen Forschung (FWF) (www.fwf.ac.at)		START-Programm, Hertha-Firnberg-Programm für Frauen	Erwin-Schrödinger-Stipendien (für Österreicherinnen und Österreicher, die im Ausland forschen wollen) Lise-Meitner-Stipendien (für Ausländerinnen und Ausländer, die in Österreich forschen wollen)	Einzelprojektförderung
Österreichische Akademie der Wissenschaften (ÖAW) (www.oeaw.ac.at)	DOC-Stipendien, DOC-fForte-Stipendien für Frauen in Formal- und Naturwissenschaften	APART-Stipendien	APART-Stipendien	
Internationales Forschungszentrum Kulturwissenschaften (IFK) (www.ifk.ac.at)	Junior Fellowships	Research Fellowships		
Jubiläumsfonds der Österreichischen Nationalbank (ÖNB) (www.oenb.at)	Franz-Weninger-Stipendien (eingeschränkter Kreis von Bewerberinnen und Bewerbern)	Dr.-Maria-Schaumayer-Habilitationsstipendium (eingeschränkter Kreis von Bewerberinnen und Bewerbern)		Einzelprojektförderung (Schwerpunkt auf Wirtschaftswissenschaften)
DoktorandInnenkollegs	Thematisch gebundene Doktoratstipendien			

	Doktoratsstipendium	Post-Doc-Stipendium	Auslandsstipendium (Post-Doc)	Projektförderung
Schweiz				
Schweizerischer Nationalfonds zur Förderung der wissenschaftlichen Forschung (SNF) (www.snf.ch)	Marie-Heim-Vögtlin-Programm für Frauen	Marie-Heim-Vögtlin-Programm für Frauen	Stipendien für angehende Forscherinnen und Forscher	Einzelprojektförderung
ProDoc-Programme	Thematisch gebundene Doktoratstipendien			

Schlussbemerkungen

Ziel dieses Ratgebers ist es, Ihnen eine wertvolle Hilfestellung für das Verfassen Ihres Exposés, Förderantrags oder Abstracts zu bieten. Wir hoffen, dass insbesondere die zahlreichen Textbeispiele für Ihre eigene Schreibpraxis anschaulich und hilfreich sind.

Auch wenn wir bemüht waren, möglichst viele Aspekte mit diesem Ratgeber abzudecken, so gibt es doch einige wesentliche Einschränkungen.

(1) Wir konnten die Forschungsförderung in den deutschsprachigen Ländern nicht umfassend darstellen, insbesondere die teils unterschiedlichen Richtlinien und formalen Anforderungen der Fördergeber. Dies gilt auch für die zunehmend auf europäischer, d. h. auf EU-Ebene organisierte internationale Forschungsförderung, die mit einem hohen bürokratischen Aufwand sowohl in der Antragstellung wie auch in der Abwicklung und Dokumentation der Projekte verbunden ist.

(2) Es war für uns nicht einfach, Förderanträge zu bekommen, um sie für dieses Handbuch zu analysieren und als Beispiele zu verwenden. Denn diese Textsorte wird in der Regel nicht veröffentlicht und ist daher nur schwer zugänglich. Ein offener Austausch unter Kolleginnen und Kollegen über Qualitäten und Mängel ist ebenfalls nicht gebräuchlich – umso mehr sind wir jenen Kolleginnen und Kollegen dankbar, die uns Texte zur Verfügung gestellt und so dazu beigetragen haben, dass die Ratschläge und Tipps in diesem Buch auf authentischem Material basieren.

(3) Wir konnten in diesem Ratgeber bei den englischsprachigen Beispielen nicht auf alle Spezifika der englischen Wissenschaftssprache eingehen. Sollten Sie beim Formulieren englischsprachiger wissenschaftlicher Texte Schwierigkeiten haben, gibt es mittlerweile eine Fülle an aktueller Ratgeberliteratur, die Ihnen weiterhelfen kann. Nehmen Sie aber nicht den erstbesten Titel, sondern achten Sie darauf, dass Sie unter den vielen Büchern, die sich auf „academic“ oder „scientific English“ beziehen, das passende auswählen. Je nach Ihrem eigenen Kenntnisstand und Bedarf kann das eine eher allgemein gehaltene Einführung sein, wie

etwa Gerlinde Mautners *Wissenschaftliches Englisch: Stilsicher Schreiben in Studium und Wissenschaft* (Mautner 2011), ein Arbeitsbuch, wie z. B. Tim Skerns *Writing Scientific English: A Workbook* (Skern 2009), oder ein Werk, das auf fortgeschrittenem Niveau das wissenschaftliche Englisch für eine bestimmte Disziplin oder eine bestimmte Textsorte behandelt.

Was für das wissenschaftliche Schreiben im Allgemeinen gilt, gilt auch für das Verfassen von Exposés, Förderanträgen und Abstracts: Ein Ratgeber wie der unsere kann nur eine erste Hilfestellung anbieten. Auch mit dem besten Leitfaden brauchen Sie für das Schreiben Übung. Nehmen Sie sich ausreichend Zeit beim Verfassen Ihrer Texte und planen Sie mehrere Überarbeitungsschritte ein. Auch der Austausch bzw. die Diskussion unter Kolleginnen und Kollegen hat ein oft ungenütztes, aber beachtliches Potenzial zur Verbesserung von wissenschaftlichen Texten aller Art. In diesem Sinne wünschen wir Ihnen erfolgreiches Konzipieren, Schreiben und Einreichen!

Weiterführende Literatur

Cremmins, Edward T. 1982. *The Art of Abstracting*. Philadelphia, PA: ISI Press.

Gruber, Helmut, Huemer, Birgit & Rheindorf, Markus. 2009. *Wissenschaftliches Schreiben. Ein Praxisbuch für Studierende*. Wien: Böhlau / UTB.

Hartley, James. 2011. „Three ways to improve the clarity of journal abstracts". *British Journal of Educational Psychology*, 64/2, 331–343.

Hussy, Walter, Schreier, Margrit & Echterhoff, Gerald. 2010. *Forschungsmethoden in Psychologie und Sozialwissenschaften*. Berlin: Springer.

Kamler, Barbara & Thomson, Pat. 2004. „Driven to abstraction: doctoral supervision and writing pedagogies". *Teaching in Higher Education* 9/2, 195–209.

Krapp, Michael & Nebel, Johannes. 2011. *Methoden der Statistik. Lehr- und Arbeitsbuch*. Wiesbaden: Vieweg und Teubner.

Mautner, Gerlinde. 2011. *Wissenschaftliches Englisch. Stilsicher Schreiben in Studium und Wissenschaft*. Konstanz / München: UVK / UTB.

Morely, John. 2005. „The Academic Phrasebank". University of Manchester. Online: www.phrasebank.manchester.ac.uk, Seite besucht am 20.12.2011.

Popper, Karl R. 2002 [1935]. *Logik der Forschung*. Tübingen: Mohr.

Pugh, William. 2004. „Advice to authors of extended abstracts". Online: www.dcs.gla.ac.uk/~joe/Teaching/RMaT/pugh.pdf, Seite besucht am 20.12.2011.

Skern, Tim. 2009. *Writing Scientific English: A Workbook*. Wien: Facultas / UTB.

Swales, John M. & Feak, Christine B. 2009. *English in Today's Research World. A Writing Guide (revised and expanded edition)*. Ann Arbor, Mich.: University of Michigan Press.

Wegman, Mark. 1986. „What it's like to be a POPL referee; or How to write an extended abstract so that it is more likely to be accepted". SIGPLAN *Notices* 21/5, 91–95.

Weil, Ben H. 1970. „Standards for writing abstracts". *Journal of the American Society for Information Science* 21/5, 351–357.

Register